Erich von Däniken
Raumfahrt im Altertum

Erich von Däniken

Raumfahrt im Altertum

Auf den Spuren der Allmächtigen

C. Bertelsmann

Umwelthinweis:
Dieses Buch und der Schutzumschlag
wurden auf chlorfrei gebleichtem Papier gedruckt.
Die Einschrumpffolie (zum Schutz vor Verschmutzung) ist aus
umweltschonender und recyclingfähiger PE-Folie.

2. Auflage
© C. Bertelsmann Verlag GmbH, München 1993
Copyright © an der Fernsehserie *»Auf den Spuren der All-Mächtigen«*
by SAT.1 Satelliten Fernsehen GmbH
Umschlaggestaltung: Evelyn Schick unter Verwendung
von Fotos von Bavaria Bildagentur/Hubert Manfred (Shiva Tempel),
Stock Imagery/Bavaria (Planeten im All) und Foto Heri (Erich von Däniken)
Satz: Uhl + Massopust, Aalen
Reproduktion: Lorenz + Zeller, Inning a. A.
Druck und Bindung: Mohndruck, Gütersloh
Printed in Germany
ISBN 3-570-12023-6

Inhalt

Vorwort

In bisher einundzwanzig Büchern habe ich mich mit Außerirdischen befaßt, mit jenen geheimnisvollen ET's, die unserer guten alten Erde bereits vor Jahrtausenden einen Besuch abstatteten. Ich weiß, daß man über fast alles streiten kann: über die Möglichkeit einer futuristischen Raumfahrt genauso wie über die Interpretation archäologischer Funde. Bloß über eines läßt sich nicht streiten: über die Existenz der heiligen Schriften. Erstaunlich an diesen Schriften ist, daß viele von ihnen in der ersten Person abgefaßt sind: von Augenzeugen. Und das bringt uns in die Zwickmühle.

Man mag sich auf den Standpunkt stellen, die Autoren dieser heiligen Schriften seien Lehrer, meinetwegen die Phantasten ihrer Zeit gewesen. Sie reden aber davon, irgendwelche »Lehrmeister aus den Wolken« hätten zu ihnen gesprochen, oder sie schildern Erlebnisse in der *Ich*-Form, die sie wegen dieser himmlischen Lehrmeister durchlitten hätten. Das soll alles Phantasie sein?

Halt! widerspricht der Gläubige. Die Texte sind *nicht* erfunden, die Autoren *haben* das alles erlebt. Aber wer hat dann zu ihnen gesprochen? Wer offenbarte sich mit Rauch, Feuer, Lärm? Mit Rädern, Flügeln, Felgen?

Der liebe Gott – wer sonst! antwortet der Gutgläubige. Ich bin persönlich ein sehr gottesgläubiger Mensch. Ich weiß, daß die grandiose Schöpfung, der Geist Gottes existiert. Ich gehöre sogar zu denen, die jeden Tag noch beten. Aber *der* liebe Gott, den ich meine, der hat es nicht nötig, mit irgendeinem Fahrzeug herumzurasseln, das raucht, bebt, stinkt, das Räder mit Felgen aufweist und auch noch lärmende Flügel. Wenn es demnach *nicht* der liebe Gott war, der zu den Vorfahren sprach – wer bleibt dann noch übrig?

In diesem Band habe ich zwei Beispiele aus dem Alten Testament modern interpretiert und technisch verständlich gemacht. Ich wünsche mir, meine Leser seien wie ich: Gläubig, aber nicht leichtsinnig.

Erich von Däniken

1. Kapitel

Geister aus der Puppenkiste

Die Überlieferung der Hopi – Götter in Gestalt von Puppen – Post-
karten aus der Steinzeit – Die älteste Universität liegt im Urwald –
Katchinas auf peruanischen Teppichen – Jumbo-Jet vor Jahrtausenden –
Der Lehrmeister aus dem All – Naturgewalten reden nicht – Antike
Abschußrampe im Dschungel – Metallegierungen der Indios – Zwei
Kuriositäten aus Ton

In der Überlieferung der Hopiindianer kennt die Geschichte vier Welt-
alter, von denen unsere Zeit das vierte ist. Vor vielen Jahrtausenden lebten
die Vorfahren der Hopi auf einem Kontinent im pazifischen Raum, den
sie Kasskara nannten.[1] Damals brach ein Krieg mit den Bewohnern eines
anderen Erdteils aus. Der Kontinent Kasskara wurde zerstückelt, die
Fluten des Meeres stiegen, und die Urheimat der Hopi versank. Schließlich ragten nur noch die höchsten Landesteile aus den Fluten: einige der
jetzigen Südseeinseln.

So erzählt es White Bear, ein heute neunzigjähriger Hopiangehöriger.
Als nun Kasskara zerstört wurde, tauchten die Katchinas auf, die »Hohen
und geachteten Wissenden«. Diese Katchinas waren körperliche Wesen
von einem fernen Planeten mit dem zungenbrecherischen Namen
»Toonaotekha«. Die Hopi behaupteten, die »Wissenden« hätten die Erde
in unterschiedlichen Abständen immer wieder aufgesucht.

Von den Katchinas wiederum gab es mehrere Arten: etwa die Erzeu-
ger, die Lehrer, und die Hüter der Gesetze. Und unter den Lehrern gab es
Spezialisten aus verschiedenen Fachrichtungen. So half beispielsweise der
Gynäkologe den Frauen bei der Geburt, der Astronom brachte den
Menschen die Himmelskunde bei, und der Metallurg lehrte die Irdischen,
wie man Metalle gewann und verarbeitete.

Bis auf den heutigen Tag stellen die Hopi ihre unterschiedlichen Lehrmeister, die Katchinas, in Puppenform dar. Dies geschieht, so hat White
Bear es mir erzählt, aus zwei Gründen:[2] Einmal, damit wir Menschen
nicht eingebildet und arrogant würden und glaubten, wir seien die Größten und hätten alles selbst entdeckt, und zum andern, damit man sich stets
an die Rückkunft der Katchinas erinnere... Und sie würden wiederkeh-
ren.

Die Katchinapuppen der Hopi in Arizona stellen die himmlischen Lehrmeister dar, die in grauer Vorzeit die Indios unterwiesen.

Tänzer
(...erg)

In die Wände die-
ses Talkessels bei
Oraibi (Arizona)
sind Tausende von
Felsritzungen ein-
graviert. Sie
erzählen die
Geschichte der
Hopi.

Die Katchinapuppen von heute sollen die echten Katchinas von damals verkörpern. Keine Puppe gleicht einer anderen, denn auch die ursprünglichen Katchinas hatten verschiedene Fähigkeiten. Die Puppen zeigen unterschiedliche Symbole und Farben, tragen verschiedene Arten von Helmen und Masken – genauso wie vor Jahrtausenden die wirklichen Katchinas, die Lehrmeister vom Planeten Toonaotekha.

Im Reservat der heutigen Hopi in Arizona, unweit des Hopidorfs Oraibi, liegt ein für Besucher nicht zugänglicher Felskessel. Dessen Wände ringsum sind übersät mit Abertausenden von Felsritzungen, so-genannten Petroglyphen. Sie erzählen die Geschichte der Hopi, die so gar nicht in unser Gegenwartswissen passen will.

Der alte Hopi White Bear schilderte, wie die Katchinas seinem Urvolk halfen, als sein Kontinent auseinanderbrach. Die Vorfahren der Hopi wurden auf »fliegenden Schilden«, den Himmelsfahrzeugen der Katchinas, aus der Gefahrenzone geflogen und in mehreren Wellen an der Küste des heutigen Südamerika abgesetzt. Diese fliegenden Schilde sollen übrigens wie halbierte Kürbisse ausgesehen haben.

Mit der Ankunft in Südamerika begann für die Hopi eine neue Geschichte. Die Indios vermehrten sich fleißig, das ursprüngliche Hopivolk spaltete sich in verschiedene Stämme. Einige der Gruppen zogen in einer mehrtausendjährigen Wanderung nach Norden, unter ihnen auch der

Oben und Mitte:
Immer wieder tauchen auch Katchinas als Gravuren auf. Dies beweist das hohe Alter der Hopiüberlieferungen.

Unten:
Auch technisch anmutende Darstellungen lassen sich auf Felszeichnungen erkennen.

Bären- und Kojote-Stamm. Innerhalb der großen Hopination bildeten sich neue Vereinigungen, die sich im Hochgebirge Südamerikas und später in den mittelamerikanischen Wäldern ansiedelten.

Das waren die Vorfahren sowohl der Inka in Peru als auch der Maya in Zentralamerika. Im heutigen Yukatan gründeten sie verschiedene Städte, darunter die Mayastadt Tikal und das Hopizentrum Palatquapi, das kein Hopi jemals vergißt – egal, welchem Clan er angehört. Denn Palatquapi hinterließ tiefe Spuren in der Erinnerung: Hier gab es nämlich ein drei-stöckiges Gebäude, das ausschließlich dem Unterricht diente. Im Erdge-schoß lernten die jungen Indios die Geschichte ihres Volkes, im ersten Stock wurden sie in Naturkunde unterwiesen und im dritten mit Mathe-matik und Astronomie vertraut gemacht. Die Lehrmeister waren die Katchinas.

In Palatquapi lebten die Urahnen der Hopi während Jahrhunderten zufrieden, bis sie schließlich eine Bevölkerungsexplosion zu immer aus-gedehnteren Siedlungsgebieten zwang. Damit lockerten sich die Bindun-gen ans Zentrum. Auch die Katchinas verließen damals Palatquapi und kehrten in ihre Heimatwelt zurück.

In den darauffolgenden Jahrhunderten kam es zu schrecklichen Bru-derkämpfen. Zwar respektierten die verfeindeten Stämme die Tempel und Pyramiden der alten Götter, doch verloren die heiligen Zeremonien immer mehr ihrer traditionellen Formen.

So verödete die Hauptstadt des Bogen-Clans, die Mayastadt Tikal. Und es leerten sich Straßen und Tempel von Palatquapi, das wir heute Palenque nennen.

Diese Geschichte der Hopiindianer widerspricht unserer bisherigen Lehrmeinung, wonach Südamerika von Norden nach Süden besiedelt worden sei. Doch die Vergangenheit mit ihren Wanderungen und Irr-wegen, mit den Kämpfen und Absplitterungen stetig neuer Volksgrup-pen von Hauptstamm – sie ist dem Felsen anvertraut worden. Die unver-gänglichen Felsbilder der Hopi sind für den, der sie lesen kann, wie ein offenes Geschichtsbuch. Aber der weiße Mann vermag mit den Kritze-leien an den Felswänden nichts anzufangen. Er glaubt die Geschichte der Hopi ohnehin nicht, weil er sowieso alles besser weiß.

Daß mit den Datierungen bezüglich Zentralamerika etwas nicht stimmen kann, belegen neuere Funde des Mayaforschers Norman Hammond.[3] Er entdeckte in Yukatan Keramiken, die auf 2600 vor Christus zurückdatiert werden mußten. Das sind immerhin anderthalbtausend Jahre mehr, als das bisherige Schema zuläßt.

Und auch die Katchinadarstellungen der Hopiindianer finden ihre Parallelen in der Webkunst der vorinkaischen Stämme.[4, 5] Im Gebiet des heutigen peruanischen Städtchens Paracas lebte vor zwei Jahrtausenden eine Bevölkerung, die insbesondere wegen ihrer Webereien bekannt

wurde. Ihre Motive auf Tüchern und Teppichen zeigen nichts anderes als Katchinafiguren.

Damals schon, in vorchristlicher Zeit, trugen die Häuptlinge und Priester bei ihren Zeremonien farbenprächtige Umhänge aus gewobenen Stoffen. Es sind Gräber gefunden worden, in denen die Leichen in derartige Stoffe eingewickelt waren. Die Motive könnten von den Hopi stammen, die heute einige tausend Kilometer nördlicher leben.

Selbst die Geschichte der Hopi, sie seien von ihren himmlischen Lehrmeistern in riesigen Flugapparaten über die Wasser geflogen worden, findet ihr Spiegelbild in den altindischen Texten des *Kathasaritsagars*.[6] Dort wird von einem Luftfahrzeug gesprochen, das »nie auftanken mußte«. Dieses Vehikel habe viele Menschen in ein fernes Land jenseits der Meere transportiert.

Eine verblüffende Verwandtschaft zu den Katchinaüberlieferungen der Hopi fand ich am oberen Amazonas bei den Kayapos. Dieser Indianerstamm hält jedes Jahr ein Fest ab, bei dem ihr himmlischer Lehrmeister geehrt wird. Doch bevor die Feierlichkeiten beginnen, muß die Bekleidung dieses außerirdischen Besuchers geflochten werden. Kayapomänner und -frauen nehmen dazu breite Streifen aus Bast und verweben sie zu einem plumpen Anzug. Dieser ist völlig geschlossen, er hat keine Öff-

»El Palacio« – der sogenannte Palast von Palenque (Mexiko). Nach der Hopiüberlieferung war dies die Schule, in der die himmlischen Lehrmeister unterrichteten.

15

nungen für Augen, Nase oder Mund. Genauso, sagen die Kayapoindianer, habe ihr himmlischer Lehrmeister ausgesehen. Er trug den Namen Bep-Kororoti, und hier ist seine Geschichte:[6]

Eines Tages ertönte auf dem Gebirge »Pukato-Ti« ein fürchterlicher Lärm, und dann stieg Bep-Kororoti hernieder. Er war mit einem Ritualgewand bekleidet, das ihn vom Kopf bis zu den Füßen bedeckte. In der Hand trug er ein »Kop«, eine Blitzwaffe. Alle aus dem Dorf flüchteten vor Angst in den Busch, die Männer versuchten Frauen und Kinder zu beschützen und einige sogar, den Eindringling zu bekämpfen. Aber jedesmal, wenn sie mit ihren Waffen die Kleidung von Bep-Kororoti berührten, brachen sie zusammen. Das Wesen, das aus dem Weltall gekommen war, mußte über die Zerbrechlichkeit derer, die ihm Widerstand leisteten, lachen. Um ihnen seine Kraft zu beweisen, hob es seine Blitzwaffe, deutete auf einen Baum und einen Stein – und vernichtete beide.

Es herrschte ein großes Durcheinander. Doch schließlich fanden sich die mutigsten Krieger des Stammes mit der Anwesenheit von Bep-Kororoti ab. Jener überragte alle an Klugheit, und darum faßten sie allmählich Vertrauen zu ihm. Er leitete die Männer zum Bau eines Männerhauses an, das heute in allen Kayapodörfern steht. Das Haus fungierte in Wirklichkeit als Schule, und Bep-Kororoti war der Lehrer.

Linke Seite und oben:
In Peru, insbesondere in der Paracaskultur, findet man die Katchinas auf Wandteppichen.

Nichts anderes erzählen die Hopi über ihre Katchinas, und genauso steht es in den altindischen Überlieferungen. Die Kayapos sagen, sie verdanken vieles ihrem Lehrmeister aus dem Weltall. Er habe ihre Waffen verbessert, ihnen gezeigt, wie man sichere Häuser baut und den Blitz von den Häusern fernhält.

Oft sei es vorgekommen, daß die Jünglinge nicht zur Schule gingen. Dann habe Bep-Kororoti seinen Anzug angezogen und die Aufmüpfigen sofort gefunden. Keiner von ihnen sei zu einem Widerstand imstande gewesen, denn er habe die Fähigkeit besessen, sie zu lähmen.

Bei der Jagd habe Bep-Kororoti die Tiere getötet, ohne sie zu verletzen, und die Beute stets den Kayapos überlassen, da er selbst ohne Nahrung lebte. Eines Tages sei Bep-Kororoti verschwunden, doch plötzlich wieder aufgetaucht. Dabei habe er einen schrecklichen Lärm verursacht und geschrien und getobt, daß er einen seiner Gegenstände vermisse. Aber die Indios hätten nicht begriffen, wonach sie suchen sollten. Als sich die Männer ihm nähern wollten, habe er seine Waffe nicht benutzt, doch sein Körper habe gezittert, und wer ihn berührte, sei ohnmächtig umgefallen. Schließlich habe sich der Lehrmeister aus dem Weltall verabschiedet, doch einige Krieger seien ihm nachgeschlichen und ihm bis auf den Kamm des Gebirges gefolgt. Da sei etwas Ungeheures geschehen, das alle sprachlos werden ließ. Mit seiner Blitzwaffe habe er Bäume und Büsche vernichtet, eine Lichtung freigelegt. Dann sei in den Wolken plötzlich ein gewaltiger Lärm entstanden, der die ganze Region erschütterte. Etwas wie ein Haus sei herniedergestiegen und Bep-Kororoti darin verschwunden.

In den Wolken brannte es wie Feuer, Rauch fiel hernieder, und es donnerte gewaltig. Durch dieses Ereignis, das die Erde erbeben ließ, wurden die Wurzeln der Büsche aus dem Boden gerissen und alle Wildfrüchte vernichtet. Es dauerte lange, bis sich die Tiere des Waldes wieder an den Ort des Geschehens trauten.

Jedesmal, wenn ich diesen Mythos der Kayapoindianer erzähle, halten mir Theologen, Ethnologen und auch Psychologen entgegen, es handle sich dabei um eine Naturreligion. Die Indianer hätten Blitz und Donner gefürchtet, vielleicht seien sie Augenzeugen eines Vulkanausbruchs oder eines Erdbebens gewesen.

Ich habe nichts gegen Naturreligionen, und ich weiß, wie sie entstehen. Doch manchmal ärgere ich mich über unsere Denkfaulheit, gerade wenn sie aus den Hochschulen tröpfelt. Mir ist klar, daß technologisch nicht bewanderte Stämme vor Naturgewalten Angst hatten, daß sie die Zusammenhänge zwischen Blitz und Donner nicht verstanden und deshalb versuchten, durch Rituale, Gebete und sogar Opfergaben die wildgewordenen Elemente zu besänftigen. So entstehen Naturreligionen.

Doch damit ist es nicht getan. Seit wann spricht denn die Naturgewalt?

Seit wann unterweist der Blitz oder der Donner irgendwelche Völker? Hat ein Erdbeben schon mal ein Männerhaus eingerichtet oder ein Vulkanausbruch die Waffen der Eingeborenen verbessert?

Wenn ich Götterfigürchen aus der Antike anders deute, als dies von seiten der Lehrmeinung geschieht, so darf über meine Definition ohne weiteres gelächelt werden. Keiner muß es mit meinen Augen sehen. Doch in den Fällen der Kayapos und der Hopi funktioniert die gestrige Betrachtungsweise nicht, denn diese Stämme *leben noch* – den Göttern sei's gedankt! Man kann ja zu den Kayapoindianern fliegen und sie fragen, was denn der seltsame Strohmann bedeute. Man kann sie filmen, wie wir es taten, und die Überlieferungen auf Tonband festhalten. Im Gegensatz zu Figürchen aus der Archäologie geht es hier nicht um eine Frage der Interpretation.

Das gleiche gilt für die Hopi mit ihren Katchinas. Die Puppen sind da, und alljährlich entstehen neue als Anschauungsunterricht für den beschränkten Verstand des Menschen. Unser gegenwärtiges Wissen kann nicht der Weisheit letzter Schluß sein. Zu viele Querverbindungen rings um den Globus, zu viele Mythologien, Überlieferungen und auch alte Religionen sprechen von den Lehrmeistern aus dem Weltall: von jenen All-Mächtigen, die der jungen Menschheit etwas Entwicklungshilfe angedeihen ließen.

So stellten sich die Hopi die Luftfahrzeuge der himmlischen Lehrmeister vor: als Kürbis oder Kokosnuß.

19

Südamerika hat übrigens noch viele solcher archäologischen Knacknüsse aufzuweisen. Fünf Autostunden von Santa Cruz in Bolivien entfernt, erhebt sich beim Dörfchen Samaipata der Berg »El Fuerte«. El Fuerte heißt eigentlich »die Festung«, »die Burg«. Doch von etwas Derartigem ist weit und breit nichts zu sehen. Die Namensgebung entstand in unserer Zeit.

Die Strecke zum Gipfel verlangt einiges an fahrerischem Können – sofern man überhaupt hinauffahren kann. Meistens nämlich ist die Schotterstraße nach Regengüssen unterbrochen. Es ist heiß, feucht und stickig, und selbstverständlich wimmelt es von anhänglichen Moskitos, diesen überflüssigen und unausrottbaren Quälgeistern.

Am Fuß der Bergspitze geht's nicht mehr weiter. Für die letzten paar hundert Meter behängen wir uns mit den Fotokameras und stapfen mühsam zum Gipfel hinauf. Hier läßt sich weit und breit kein Indio blicken, deshalb haben sich Kolonien von Schlangen eingenistet.

Die ganze Bergspitze gleicht einer von Menschenhand geschaffenen Pyramide. Von unten nach oben verlaufen zwei parallele, achtunddreißig Zentimeter breite und siebenundzwanzig Meter lange, schnurgerade Rinnen. Es drängt sich das Bild einer gegen den Himmel gerichteten Rampe auf. Rechts und links der künstlich geschaffenen Rillen ziehen sich Zickzacklinien, deren Bedeutung unbekannt ist, von oben bis unten.

Am oberen Ende der »Rampe«, auf dem höchsten Punkt des Berges, findet man in den Fels geschnittene Rondelle. Es sind Kreise, an deren Außenradius Rechtecke und Dreiecke in den Fels geschlagen wurden, die eingemeißelten Sitzen gleichen.

Da dieses Rondell auf der künstlich abgeflachten Bergspitze sich direkt dem Ende der Rampe anschließt, könnte man auch an eine Katapultvorrichtung denken. Bei einer solchen Betrachtungsweise hätten die Erbauer am unteren Ende der Rillen einen Drachen oder eine Art Segelflugzeug befestigt, das auf Schienen in den Rillen lief. Oben, am Rondell, wäre ein Gummiband aufgewickelt gewesen, das hinunterlief und an dem Flugapparat befestigt war. Auch vorinkaischen Völkern dürfte es nicht schwergefallen sein, eine Ausklinkvorrichtung zu konstruieren.

Nun stelle man sich folgendes Szenario vor: Am unteren Ende der Rille wartet das verankerte Segelflugzeug. Ein Gummiband läuft vom Flugzeug in der Mitte der Rille hinauf bis zum Rondell. Starke Arme spannen das Gummiband an, indem sie es um das Rondell herumwickeln. Da der Zug immer stärker wird, rasten Querbalken in die ausgesparten Rechtecke und Dreiecke. Vielleicht dienten die Rechtecke als Stützhilfe für die Drehmannschaft und die Dreiecke zur Verankerung der Querbalken. Auf Kommando löste man den Ausklinkmechanismus, und das Segelflugzeug – oder wenn Sie wollen, der Drache – schnellte zum Himmel. Mit ähnlichen Vorrichtungen sind heute die Flugzeugträger ausgestattet. Ja – und Gummi kannten sowohl die süd- als auch die zentralamerikanischen Völker lange vor den Europäern!

*Linke Seite:
Die Kayapoindianer am oberen
Amazonas (Brasilien) feiern heute
noch ihr Fest zu
Ehren des himmlischen Lehrmeisters. Sie imitieren
ihn in diesem
Strohgewand.*

Der Berg »El Fuerte« beim bolivianischen Dörfchen Samaipata (nächste Stadt ist Santa Cruz). Zwei Rillen verlaufen von unten auf die künstlich abgeflachte Spitze.

Da ist aber noch etwas. Hinter dem Rondell, auf der abgeflachten Bergspitze, stößt man auf verschiedene Rillen und kleine Tunnel, die zu unterschiedlichen Becken führen. Und seitlich der Anlage sind mysteriöse Vitrinen, Quadrate und Sessel in den Fels geschnitten.

Die Fachgelehrten rätseln über die Bedeutung El Fuertes. Man spricht von einer »Kultstätte der Inka«[7], einem »Ahnenkult«[8], der »Laune eines Fürsten oder Narren«[9] und gar von einer militärischen Festung. Das letztere ist so ziemlich die dümmste Interpretation, denn hier oben gab es nichts zu verteidigen: Der Berg liegt wie eine künstliche Pyramide offen und von allen Seiten zugänglich.

Der bekannte Amerikanist Dr. Hermann Trimborn meinte allerdings, der Gesamtkomplex sei »eine einmalige und mit keiner anderen Ruinenstätte vergleichbare Schöpfung«.[10]

Und doch haben die Becken und Rinnen von Samaipata ein Double. Es liegt im kolumbianischen San Agustín, eine Fahrtstunde vom Städtchen Pitalito entfernt. Dort stehen zwischen Dolmen, Menhiren und unterirdischen Tempeln scheußliche Götterstatuen in der Landschaft herum, mit denen keiner etwas Rechtes anfangen kann.

Dann ist da aber noch die sogenannte »Quelle der Fußwaschung« – eben das Double von Samaipata.

Oben:
Am Ende der Rillen folgt dieses Rondell. Ringsum sind Rechtecke und Dreiecke herausgemeißelt worden.

Mitte:
Wurde um das Rondell ein Gummiseil gelegt und mittels Balken aufgezogen? Dienten die Aussparungen zur Verankerung dieser Balken?

Unten:
Haben die Inka Modellflugzeuge erstellt und sie mit Hilfe des Gummiseils und der Rillen in die Wolken katapultiert?

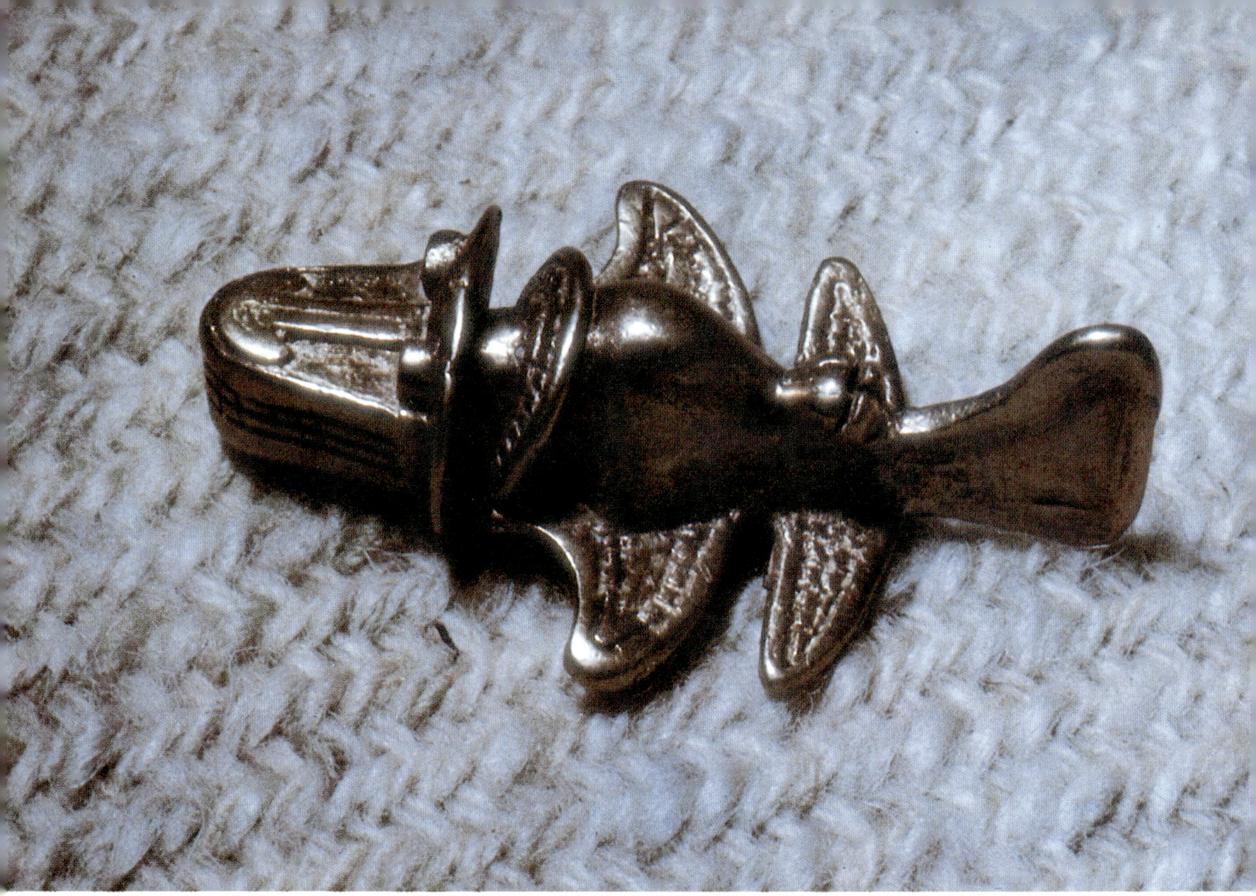
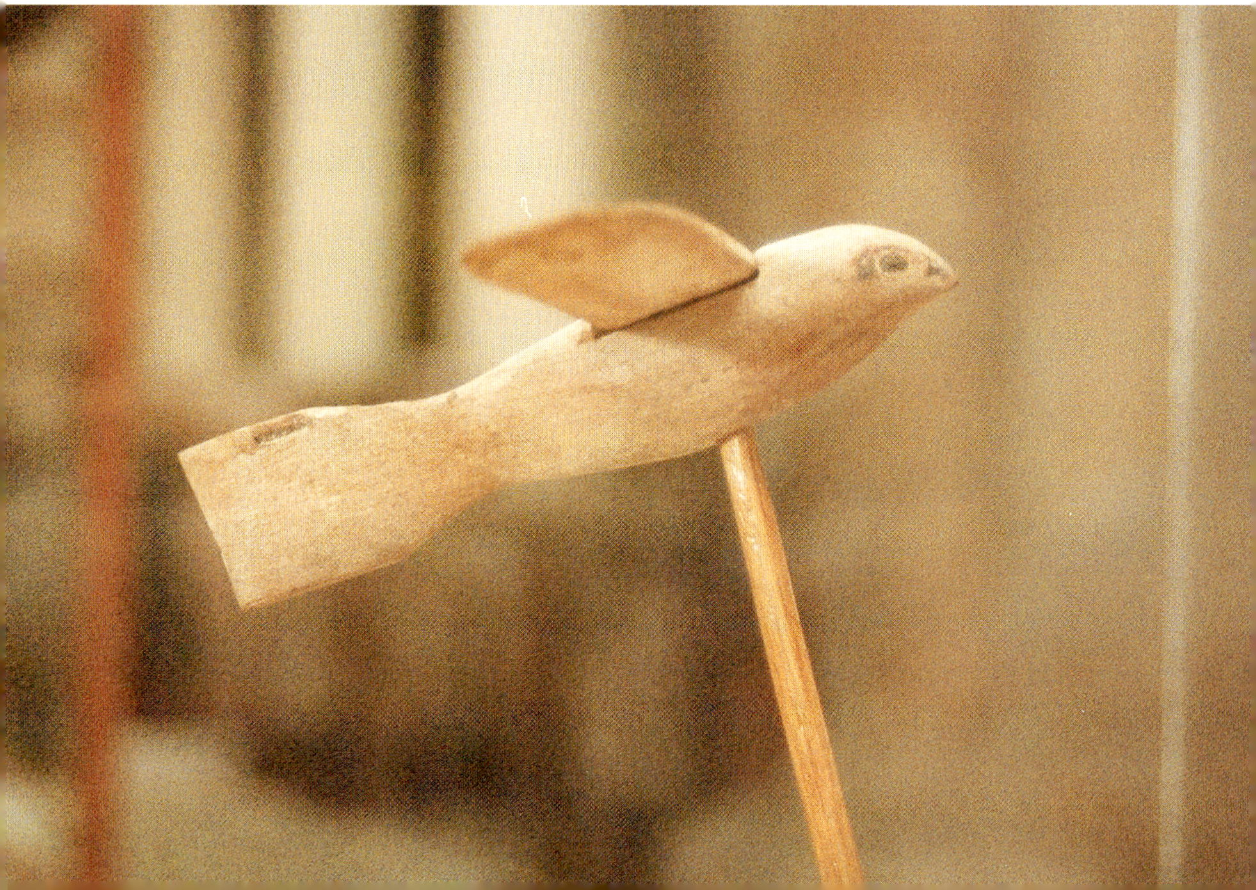

Auf etwa dreihundert Quadratmeter Fläche wird der abgeflachte, bräunliche Fels von einem komplizierten Netz handwerklich geschaffener Kanäle in unterschiedlicher Breite überzogen. Da gibt es schmale Rinnen, die sich wie Schlangen durchs Gestein winden, und systematisch angeordnete, kleinere und größere Becken und Rondelle. In den Fels und an die Beckenränder schmiegen sich Reliefs von Eidechsen, Salamandern und affenähnlichen Tieren.

Den Archäologen fällt hierzu nichts Bessers ein als ein dubioser Kult von Fußwaschungen und Blut.[11, 12, 13]

Mir scheinen beide Anlagen, sowohl die auf dem Berg El Fuerte in Bolivien als auch jene bei San Agustín in Kolumbien, am ehesten Metallreinigungsanlagen gewesen zu sein. Flüssigheißes Metall rann von Becken zu Becken, schwere Teile sanken auf den Grund, leichtere wurden weitertransportiert, unreine Partikel und Schlacken blieben in den Filtern von Rondellen und Schlangenrinnen hängen.

Allgemein bekannt ist, daß die Inka und auch die Völker vor ihnen über geradezu unglaubliche Kenntnisse von Metallegierungen verfügten. Ihre Schmelzmethoden, Gießtechniken und Beschichtungsverfahren ergaben Mischungen, die aussahen wie Gold und die doch nur aus einer mikrometerdünnen Goldschicht bestanden.

Über den Berg El Fuerte mit seinen Rillen und dem großen Rondell oberhalb der Rille gibt es nur eine einzige lokale Legende: Von hier seien die Götter zum Himmel gestiegen.

Vielleicht wollten es die Indios den Göttern gleichtun. Sie konstruierten flugzeugähnliche Modelle und versahen sie außen mit einer sehr dünnen Goldlegierung. Diese Beschichtung wurde in den Rondellen und Rinnen auf der abgeflachten Bergspitze gewonnen. Dann – beim großen Fest – katapultierten sie ihre Goldflugzeuge himmelwärts, um den Göttern einen irdischen Gruß zu schicken.

Wer den Gedanken etwas weit hergeholt findet, muß wissen, daß ausgerechnet die Inkaherrscher sich selbst als »Söhne der Sonne« bezeichneten. Sie glaubten genau wie die Pharaonen im fernen Ägypten, direkte Abkömmlinge von Wesen aus dem All zu sein.

Konsequenterweise fand man sowohl in Ägypten als auch in Kolumbien Flugzeugmodelle aus alten Zeiten.

Eine ägyptische Anfertigung wurde 1898 in einem Grab bei Sakkara entdeckt.[14] Mit der Nummer 6347 stand das Ding volle fünfzig Jahre lang unter einer Glashaube im Ägyptischen Museum von Kairo. Erst 1969 wurde der seltsame Vogel aus dem Nest geholt. Im Gegensatz zu anderen Bewohnern der Lüfte hatte Nummer 6347 nicht nur gerade Flügel, sondern auch eine hochgestellte Schwanzflosse. Unten waren einige Hieroglyphen eingraviert, die übersetzt lauten: »Geschenk des Amon«. Dieser Amon war der »Herr des Lufthauches«.

Linke Seite, oben:
Im Goldmuseum von Bogotá finden sich mehrere Flugzeugmodelle aus Gold . . .

Linke Seite, unten:
. . . und auch im Ägyptischen Museum von Kairo ist ein Flugzeugmodell ausgestellt.

Der Tonteller stammt aus der toltekischen Epoche (Mexiko). Wenn man den inneren Kreis mit dem Kopf abdeckt, bleibt der schematische Aufbau einer elektrischen Apparatur. Erkennbar sind die Kohlen, Ankerschuhe, Kupferwicklungen sowie Ein- und Ausgänge der Leitungen.

Das Flugzeugmodell im Ägyptischen Museum ist zur Zeit nicht zu besichtigen, da es restauriert wird. Es wiegt übrigens neununddreißig Gramm, die Spannweite beträgt achtzehn Zentimeter, die ganze Länge vierzehn Zentimeter. Flugzeugnase, Flügelenden und auch der ganze Körper sind aerodynamisch geformt.

Im Goldmuseum von Bogotá in Kolumbien sind dagegen ganze Staffeln von vergoldeten Flugzeugmodellen zu besichtigen.[15] Man hat sie als Insekten eingestuft, obschon von einem derartigen Kult in ganz Südamerika nirgendwo die Rede ist. Und um einen Kult muß es sich schließlich gehandelt haben, sonst hätte man die Dinger nicht mit teurem Gold überzogen.

Das Duplikat eines solchen Modells aus dem Goldmuseum von Bogotá dient heute als Logo für die *Ancient Astronaut Society*. Das ist eine internationale Vereinigung, die sich mit den Spuren der All-Mächtigen befaßt. Wenn Sie mehr über diese gemeinnützige Gesellschaft erfahren möchten, schreiben Sie mir. Ich lasse Ihnen einen Gratisprospekt zukommen (Anschrift der AAS am Schluß des Buches).

Und wenn ich schon einmal beim Fliegen und bei alten Technologien bin, möchte ich Ihnen eine spezielle Vase nicht vorenthalten. Sie stammt aus

El Salvador und wird den Maya zugerechnet. Man erkennt auf ihr eine bäuchlings liegende Gestalt mit nach oben angewinkelten Beinen. Die Figur trägt ein sehr breites Band um den Bauch, und auf dem Rücken ist etwas befestigt, das wie ein Aggregat aussieht und an eine Rückstrahlvorrichtung erinnert.

Aufgrund vieler Beispiele rings um den Globus weiß ich, daß unsere Vorfahren immer wieder Technologien mißverstanden und in lausigen Kopien nachgeahmt haben. In seinem Irrglauben und Fanatismus ist der Mensch unersättlich. Vielleicht katapultierten die Erbauer der Rampe von Samaipata Menschen in die Wolken in der vagen Hoffnung, die Götter würden die lebenden Geschosse aufnehmen. Oder Gefangene wurden geopfert, indem man sie auf einen Katapultschlitten band und dem Sonnengott entgegenschickte.

Und noch eine Querverbindung zum Rondell auf der abgeflachten Bergspitze fällt mir ein.

Ein Tonteller aus Guatemala soll als Paradebeispiel dafür herhalten, wie man einen Gegenstand aus zwei Blickwinkeln betrachten kann. Der Archäologe wird nichts weiter sehen als einen »verzierten Tonteller«. Deckt man den inneren Kreis mit dem Indianergesicht ab, bleibt eine elektrische Apparatur. Alle Details für den Betrieb sind erkennbar: die Kupferwicklungen, die Kohlen, die Ankerschuhe, die elektrischen Ein- und Ausgänge der Leitungen. Das Gesicht des Indianers war vielleicht nur das des Fachmanns, der die Apparatur bediente.

Bibliographie

1 Blumrich, Josef F.: Kasskara und die sieben Welten – Weißer Bär erzählt den Erdmythos der Hopi-Indianer. Düsseldorf 1979.
2 Däniken, Erich von: Der Tag, an dem die Götter kamen. München 1984.
3 Hammond, Norman: The earliest Maya. Aus: Scientific American, New York, März 1977.
4 Lothrop, Samuel K.: Das vorkolumbianische Amerika und seine Kunstschätze. Genf 1964.
5 Osborne, Harold: South American Mythology. New York 1968.
6 Däniken, Erich von: Der Götter-Schock. München 1992.
7 Herzog, Th.: Vom Urwald zu den Gletschern der Kordilleren. Stuttgart 1913.
8 Pucher, Leo: Ensayo sobre el arte prehistorico de Samaypata. San Francisco 1945.
9 Nordensköld, E. von: Meine Reise in Bolivien. In: Globus, Bd. 97, 1910.
10 Trimborn, Hermann: Archäologische Studien in den Kordilleren Boliviens, Bd. 3. Berlin 1967.
11 Soto Holguin, Alvaro: San Agustín, Instituto Colombiano de Antropologia. Bogota o. J.
12 Disselhoff, Hans-Dietrich: Die Kunst der Andenländer. Aus: Alt-Amerika – Die Hochkulturen der Alten Welt. Baden-Baden 1961.
13 Nachtigall, Horst: Die amerikanischen Megalithkulturen. Berlin 1958.
14 Däniken, Erich von: Meine Welt in Bildern. Düsseldorf 1973.
15 Däniken, Erich von: Die Strategie der Götter. Düsseldorf 1982.

2. Kapitel

Sphingen und Mischwesen

Newgrange, älter als Stonehenge – Astronomische Uhr aus der Steinzeit – Wer waren die Planer? – Die Sphinx, der Sphinx, das Sphinx – Manetho und die Mischwesen – Die größten Sarkophage der Welt – Wer erschuf die heiligen Stiere? – Ein unterirdisches Gefängnis für Monster – Wer Augen hat zu sehen, der sehe!

Einundfünfzig Kilometer nordwestlich von der irischen Hauptstadt Dublin oder fünfzehn Kilometer westlich des Städtchens Drogheda, im ländlichen, sattgrünen County of Meath, liegt der riesige Dolmen mit dem Namen Newgrange. Man bezeichnet diese Dolmen auch als Steintische oder Hünengräber, obschon unter den wenigsten von ihnen Gräber gefunden wurden. In Newgrange jedenfalls kamen nur einige Knöchelchen ans Tageslicht. Kein Sarkophag, kein Gold, kein Schmuck. Eine trostlose Entdeckung? Nein, sie sollte sich bald als Sensation entpuppen.

Der Dolmen von Newgrange hat einen Durchmesser von fünfundneunzig Metern und eine Höhe von fünfzehn Metern; insgesamt sind vierhundert Monolithen verbaut worden. Bevor die steinzeitlichen Bauherren den Dolmen erstellen konnten, mußten sie einen Hügel abtragen und sauber planieren. Das war nicht einfach, denn aus astronomischen Gründen liegt der Dolmen nicht auf ebenem Boden. Die Grundfläche ist leicht geneigt. Nachdem die Vorarbeit geleistet war, errichteten die Steinzeitler einen vierundzwanzig Meter langen Gang, den sie rechts und links mit Monolithen ausstatteten. Dann plazierten sie bestimmte Kultsteine mit seltsamen Gravuren in den hinteren Teil des Korridors und gestalteten eine geräumige Pseudograbkammer – aus Monolithen, versteht sich. Darüber wiederum stapelten sie weitere Monolithen, immer höher hinauf, so daß schließlich eine Art Kuppel entstand.

Diese Kuppel ist ein prähistorisches Wunderwerk. Fachleute bezeichnen sie als »falsche Kuppel«, denn die Monolithen wurden in einer Weise aufgeschichtet, daß unten die schweren Brocken lagen, und darüber stets die leichteren. Solchermaßen entstand ein sich zunehmend verengender sechseckiger Schacht von sechs Meter Höhe. Ganz oben, am Ende, verschloß man den Kamin mit einer Schlußplatte, die je nach Bedarf weggezogen werden konnte.

Schließlich karrten die emsigen Erbauer Tonnen von Erde und Kies heran und bedeckten damit den gesamten Dolmen. Es sollte für die Nachwelt aussehen wie ein natürlicher Hügel.

Doch genau dies ist es nicht.

Schon im Jahre 1969 entdeckte Professor O'Kelly von der Cork University über den beiden Eingangsmonolithen eine künstlich eingelassene rechteckige Öffnung. Sie war nur zwanzig Zentimeter breit, doch das reichte, damit dem Gelehrten das berühmte Licht aufging. Am Tag der Wintersonnenwende setzte sich der Professor in den hintersten Teil des Gewölbes.[1] Exakt um 9.45 Uhr erschien der obere Rand der Sonne am Horizont. Dreizehn Minuten später zeigte sich der erste Strich des direkten Sonnenlichts in der schmalen Öffnung über den Eingangsmonolithen. Mit der höhersteigenden Sonne verlängerte sich deren Strahl im Korridor, bis er nach vierundzwanzig Metern wie ein Laserfinger eine künstlich herausgekratzte Schale auf einem Kultstein im hintersten Ende der Grabkammer traf. Bis dahin hatte sich das Sonnenlicht zu einem Band von siebzehn Zentimetern verbreitert. Durch die Reflexion von dem Kultstein wurde die Pseudograbkammer derart dramatisch erleuchtet, daß verschiedene Details in den Seitenkammern und auch in der Kuppel zum Vorschein kamen.

Ab 10.04 Uhr begann sich das Lichtband zu verengen, und um 10.25

Die Gesamtanlage von Newgrange in Irland.

Jedesmal am 21. Dezember wiederholt sich das Strahlenwunder – seit 5134 Jahren!

wurde es unvermittelt abgeschnitten. Während einundzwanzig Minuten also, am Sonnenaufgang des kürzesten Tages, spielte sich dieser mysteriöse Zauber ab. Nicht etwa durch die Hauptöffnung, sondern durch den eigens dafür konstruierten Schlitz über dem Eingangsmonolithen.

War das Zufall? Nein, denn spätere Messungen bestätigten das Sonnenwunder in eindrücklicher Weise.[2] Seit mindestens 5134 Jahren – so die Computerberechnungen – spielt sich das Schauspiel Jahr für Jahr am selben Tag ab.

Damit sind wir wieder bei den Erbauern von Newgrange. Sie müssen sehr genau gewußt haben, was sie mit ihrem Bauwerk wollten. Die Stellung eines einzigen Monolithen in der Passage hätte alles verändert. Wäre der künstliche Schlitz über dem Eingang nur um Zentimeter schmaler oder um Millimeter verschoben, hätte der Lichtfinger seinen Weg durch den Gang und die Kammer bis zum Kultstein an der Rückwand nicht vollenden können. Weiter: Diese Riesenanlage steht nicht auf ebenem Grund. Der Ost-West-Gang verläuft nicht horizontal, sondern schräg nach oben geneigt. Der höchste Punkt am Gangboden ist gleichzeitig der letzte Monolith nach der Vierundzwanzig-Meter-Strecke.

Mit seiner Datierung auf 3153 vor Christus gilt Newgrange als der älteste Riesendolmen der Welt. Damals sollen die Pyramiden in Ägypten noch nicht gestanden haben, und von Stonehenge in Südengland konnte erst recht keine Rede sein. Nun schafft man einen Kultraum wie Newgrange nicht als Freizeitbeschäftigung. Exakte Pläne, vielleicht Modelle, mußten erstellt werden. Eine Beobachtungs- und Vermessungszeit von mindestens einer Generation war vonnöten, um den Tag, die Stunde und die Minute der Wintersonnenwende für die geographischen Gegebenheiten im hügeligen Gelände von Newgrange zu errechnen.

Newgrange ist eine astronomische Uhr, gebaut für die Ewigkeit.[3] Wer verlangte den Zauber? Wer dachte sich das exzentrische Lichtspiel aus? Wer befahl den baulichen Aufwand – zu einer Zeit, als weder Kräne noch Flaschenzüge existierten?

Das Vorhandensein Newgranges beweist, daß es vor über fünf Jahrtausenden Menschen gab, die recht viel von der Himmelsmechanik verstanden, sehr viel von Berechnungen, Zeichnungen, Plänen und verblüffend viel vom Lastentransport. Diese erstaunlichen Dinge passen gar nicht in die Steinzeit und noch weniger in die Evolution der Technologie.

Wer waren die Wissenden vor Jahrtausenden, die sowohl ihre Zeit als auch die ferne Zukunft zu beeindrucken vermochten? Welche Botschaft wollten sie der Zeit anvertrauen? Weshalb taten sie, was sie taten?

Lauter unbeantwortete Fragen, von denen ich im Laufe der nächsten Kapitel noch viele aufwerfen werde. Fragen, die wir uns bislang zuwenig stellten und die – ich ahne es – ein Band von der Vergangenheit in die Gegenwart knüpfen. Einige dieser brisanten Fragen haben viel mit der gegenwärtigen und der zukünftigen Gentechnologie zu tun.

Die Genetiker von heute fangen an, Gott zu spielen. Wenn sie es wollten und wir sie ließen, könnten sie einen regelrechten Zoo aus Frankensteins Gruselkabinett erschaffen. Bei landwirtschaftlichen Produkten hat es begonnen. Es gibt Kreuzungen zwischen Blumenkohl und Brokkoli, zwischen Orangen und Zitronen; und mich würde es nicht wundern, wenn demnächst viereckige Tomaten oder rechteckige Eier auf dem Markt erscheinen. Auf diese Weise ließen sich Produkte besser stapeln.

Keine andere Wissenschaft verzeichnete in den vergangenen zwanzig Jahren solche Fortschritte wie die Genetik. Der gläserne Mensch steht vor der Tür. In fünf Jahren werden die Genetiker in der Lage sein, jede einzelne Basensequenz aus dem menschlichen Bauplan nachzubauen. Was noch vor zehn Jahren schlichtweg als Utopie galt, wird Realität.[4]

Als Pendler zwischen den Zeiten frage ich mich, ob es in den archaischen Zeiten unserer Vorfahren bereits Mischwesen gegeben hat. Die Frage ist nicht so absurd, wie sie auf Anhieb klingen mag. Zumindest *ein* Mischwesen aus der Vergangenheit kennen Sie alle: den Sphinx. Ob der Sphinx, die Sphinx, das Sphinx – es ist letztlich ein Streit um des Esels Schatten, denn Sphingen gab es in allen Variationen.

Jedes größere Museum der Welt hat Exponate von Mischwesen vorzuzeigen – ob der Louvre in Paris, das Griechische Nationalmuseum von

Die »Schiege«, eine genetische Kreuzung zwischen einem Schaf und einer Ziege.

33

Athen, das Völkerkundemuseum von Berlin oder das Hethiter-Museum von Ankara. Mischwesen gibt es überall.

Was hat unsere Vorfahren nur dazu getrieben, derartige Monstren in Stein zu schlagen? War es die Phantasie, welche die Künstler leitete? Es muß eine globale Inspiration gewesen sein, denn Mischwesen fand man nicht nur im alten Babylon oder in Ägypten, sondern auch in China, Japan, bei den südamerikanischen Inka beziehungsweise den zentralamerikanischen Maya. Da gibt es menschliche Wesen mit Flügeln oder menschliche Körper mit Adlerköpfen, dann vierfüßige Gestalten mit langen Hälsen, die in der Realität wohl nie gelebt haben. Seltsam ist nur, daß diese saurierartigen Kreaturen von Menschen an der Leine gehalten werden.

An künstlerischen Wiedergaben derartiger Mischwesen fehlt es weiß Gott nicht. Ich kann mir wohl vorstellen, daß ein Herrscherkopf mit einem Löwenkörper kombiniert wurde, um auf diese Weise die Macht und die Kraft des Herrschers zu symbolisieren. Oder daß man einem König Flügel verpaßte, um zu zeigen, daß dieser göttergleich sei.

Im alten Ägypten ist der Kult mit den Mischwesen auf die Spitze getrieben worden. In einem Werk des Historikers und Kirchenfürsten Eusebius werden Texte zitiert, die er von einem ägyptischen Priester namens Manetho übernahm.[5] Jener Manetho behauptet, einst seien die Götter vom Himmel gestiegen, um die Menschen zu unterweisen. Und diese Götter hätten dann Mischwesen aller Art entstehen lassen, die »heilige Tiere« genannt worden seien. Wörtlich wird der ägyptische Priester zitiert:

»Sie erzeugten Menschen mit Flügeln und menschliche Wesen mit den Schenkeln von Ziegen. Auch Menschen mit Hörnern auf dem Kopf und andere mit Pferdefüßen. Erzeugt hätten sie auch Gestalten, die an der Vorderseite Menschen und an der Hinterseite Pferde waren. Auch Stiere mit Menschenköpfen und Hunde mit Fischschwänzen. Dazu noch andere Ungeheuer und drachenförmige Unwesen. Und eine Menge von Wunderwesen, mannigfaltig geartet und untereinander verschieden.«

Schließlich erwähnt Manetho noch, die Babylonier und auch die Ägypter hätten jene Wunderwesen in ihren Kunstwerken dargestellt.

Starker Tobak, was da in einem alten Buch behauptet wird. Irgendwelche ominösen Götter sollen Mischwesen gebastelt haben? Nun, daß dies genetisch nicht unmöglich war, wissen wir aus der Gegenwart. Folgt man Manetho, so müßten zumindest einige dieser Monster einst gelebt haben, und die alten Künstler hätten bei der Gestaltung ihrer Werke nicht nur der Phantasie freien Lauf gelassen. Mich stimmt einiges nachdenklich. Aus der griechischen Sagenwelt kennt man den Minotauros, einen Stier mit Menschenkopf, für den die Bewohner Kretas das berühmte Labyrinth erbauten. Errichtet man Bauwerke für Geister?

Und in Ägypten, unter dem Boden von Sakkara, gibt es kilometerlange Gänge mit Millionen von mumifizierten Tieren.[6] Die Ägypter mumifizierten alles: sogar Fische, Hunde, Affen, Vögel oder Krokodile. Meistens steckte man die Tiere dann in Tongefäße und diese wiederum in Nischen, die aus den Wänden herausgemeißelt wurden – mit einer Ausnahme:

In Sakkara liegt auch das Seraphäum, eine unterirdische Anlage mit den größten Sarkophagen, welche die Welt je gesehen hat. Diese Kolosse bestehen aus Granit und wiegen zwischen siebzig und hundert Tonnen. Der Granit stammt aus Assuan, runde tausend Kilometer von Sakkara entfernt. Der ganze Komplex ist dem heiligen Stier geweiht, den die Ägypter Apis nannten. Es gibt überhaupt keinen Zweifel, daß man am Nil in alten Zeiten einen grandiosen Stierkult betrieb.[7]

Dennoch ist etwas sehr seltsam. Man erwartet in diesen Riesensarkophagen Stiermumien – und was wurde gefunden? Bitumen, das ist Naturasphalt, und damit vermischt Abertausende von Knochen verschiedener Tiere.[8]

Nachfolgende Überlegung ist dazu entscheidend: Die alten Ägypter waren von der Wiedergeburt aller Lebensformen überzeugt. Deshalb praktizierten sie schließlich ihre Mumifizierungen. Nach ägyptischem Glauben konnte nur erneut zum Leben erweckt werden, wessen Körper intakt blieb. Die sogenannten Ka und Ba (Körper und Seele) mußten wieder zusammenkommen.[9]

Jetzt aber geschah im unterirdischen Seraphäum von Sakkara genau das Gegenteil. Hier wurden die Knochen zerhackt und obendrein mit klebrigem Asphalt – Bitumen – vermischt. Der Gedanke liegt nahe, daß in diesem Fall die Wiedergeburt *verhindert* werden sollte.

Wozu? Wenn die Ägypter aus irgendeinem Grund Knochen zerkleinerten, dann hätte man diese Überreste in den Nil werfen, verbrennen oder in der Erde verbuddeln können. Wegen zerhackter Knochen war doch keine unterirdische Anlage von der Größe des Seraphäums notwendig. Schließlich mußten der Fels, die breiten Hauptgänge und die Nischen mühevoll ausgekratzt werden. Dann transportierte man aus tausend Kilometer Entfernung die Monstersarkophage von Assuan den Nil hinunter bis nach Sakkara. Unter unvorstellbaren Kraftanstrengungen wurden die Granitsarkophage in die unterirdischen Gänge gehievt und schließlich in den vorbereiteten Nischen plaziert. Und all das nur wegen einiger Knochenfragmente?

Es müssen wohl ganz spezielle Gebeine gewesen sein, für die ein derartiger Riesenaufwand betrieben wurde.

Ich vermute, es waren die Knochen von Mischwesen. Solange die Götter auf Erden weilten, galten diese Monstren als heilig. Sie waren schließlich nicht auf natürliche Art geboren, sondern von den Göttern erschaffen worden. Überlieferungen berichten, wie beispielsweise der

Mischwesen im Tempel von Karnak, Ägypten.

heilige Apisstier oft wütete, Tempelsäulen umwarf, Greise zertrampelte und Äcker verwüstete. Trotzdem wurde das Biest von den Priestern gehätschelt. Der griechische Historiker und Philosoph Plutarch (um 50 nach Christus) wußte sogar zu berichten, der göttliche Stier sei nicht auf natürliche Weise ins Leben getreten, sondern durch einen Strahl, der vom Himmel fiel.

Auguste Mariette, der französische Archäologe, der das Seraphäum im Jahre 1852 entdeckte, fand in den unterirdischen Gängen auch eine Inschrift, die dem heiligen Stier gewidmet war: »*Du hast keinen Vater, du bist vom Himmel geschaffen*«, stand darauf. Schließlich schreibt der Historiker Herodot, der Ägypten vor zweieinhalb Jahrtausenden bereiste:[10]

»*Der Apisstier hat folgende Abzeichen: Er ist schwarz, auf der Stirne trägt er einen viereckigen weißen Fleck, auf dem Rücken das Bild eines Adlers, die Schweifhaare sind doppelt, und unter der Zunge erkennt man das Bild eines Käfers.*«

Alle diese Zeugnisse (es gibt mehr davon!) weisen auf kein natürlich geborenes Tier hin. Es riecht nach genetischem Design.

Als schließlich die Götter unsere Erde verließen, blieben immer noch einige dieser Monstren zurück. Sie verbreiteten Angst und Schrecken, doch niemand wagte, die Ungeheuer zu töten, bis sie endlich auf natür-

Oben:
Zwischen den
Tempeln von Kar-
nak und Luxor
liegt eine Straße
von 3,8 Kilo-
metern Länge. Sie
ist beidseitig von
Mischwesen
flankiert. Die Ge-
sichter tragen
hübsche, jugend-
liche Züge.

Rechte Seite:
Über das Alter der
ältesten Misch-
wesen sind sich die
Gelehrten un-
einig. Außerhalb
des Heiligtums
von Karnak findet
man nur noch ver-
witterte Sockel.

liche Weise starben. *Erst jetzt* zerhackte man ihre Knochen, schuf ein sicheres Verlies im Felsboden, besorgte sich die härtesten Sarkophage aus Granit, transportierte sie nach Sakkara und schmiß die Gebeinreste hinein. Diese vermischte man dann mit stinkendem, klebrigem Asphalt und wuchtete sogar noch einen dreißig Tonnen schweren Deckel auf den Sarkophag.

Das Seraphäum war kein Heiligtum, sondern ein Gefängnis für Tiermonstren, die *nie mehr wiedergeboren werden durften.* Niemals mehr sollten diese Kreaturen Angst und Schrecken unter den Menschen verbreiten.

Tatsache bleiben die Skulpturen der unzähligen Mischwesen, die Überlieferungen *über* derartige Kreaturen und die Sarkophage im Seraphäum von Sakkara, in denen zerhackte Tierknochen lagen. Tatsache ist auch, daß sich die alten Ägypter vollstens bewußt waren, was sie mit der Zerstückelung der Knochen jener Wesen anrichteten: sie ein für allemal von der Bildfläche verschwinden zu lassen.

Noch etwas anderes stimmt mich sehr nachdenklich: Auf dem schwarzen Obelisken des assyrischen Königs Salamasar II. sind diverse Tiere in Normalgröße dargestellt. Die Künstler wußten also, was sie taten. Und dann tauchen da Mischwesen auf, wie sie kaum eindrücklicher gezeigt

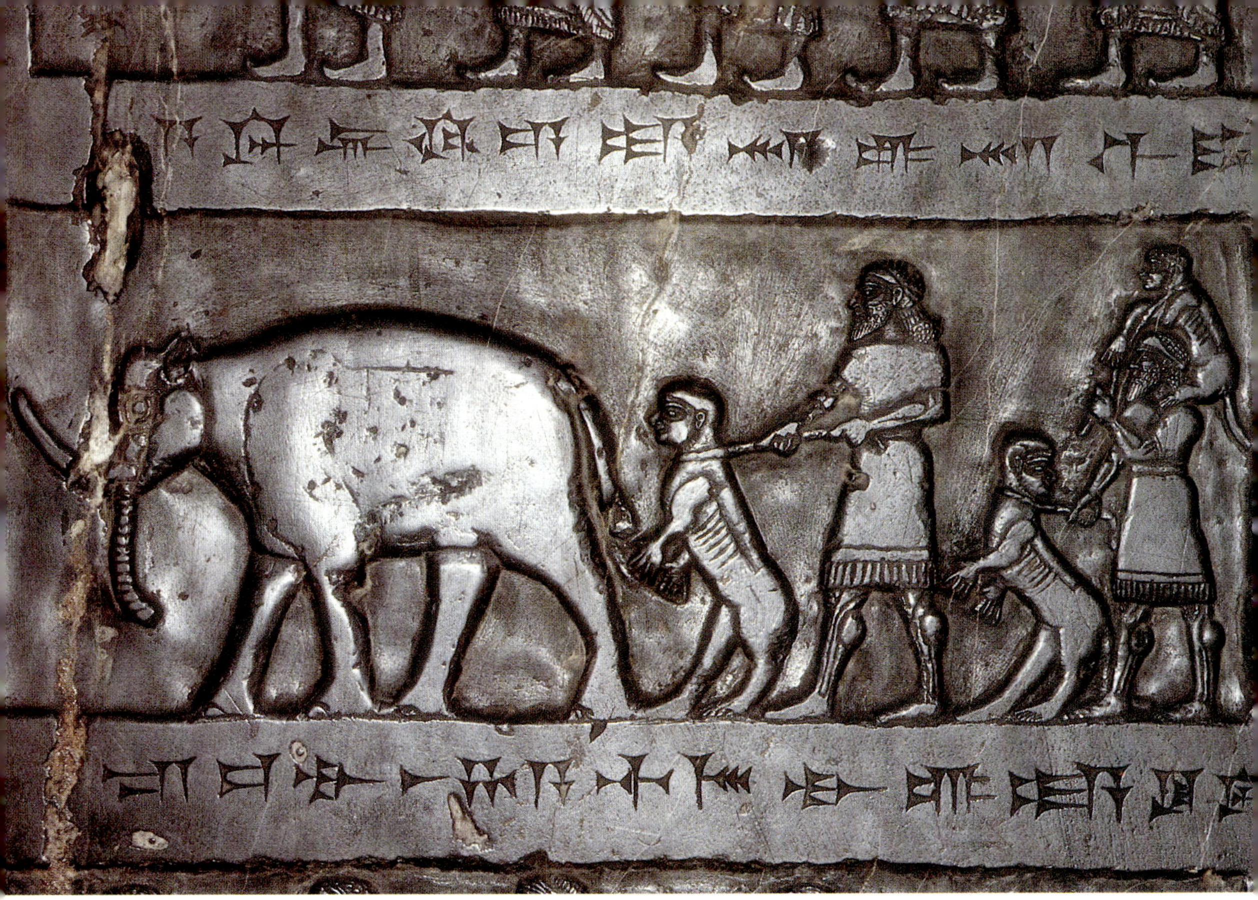

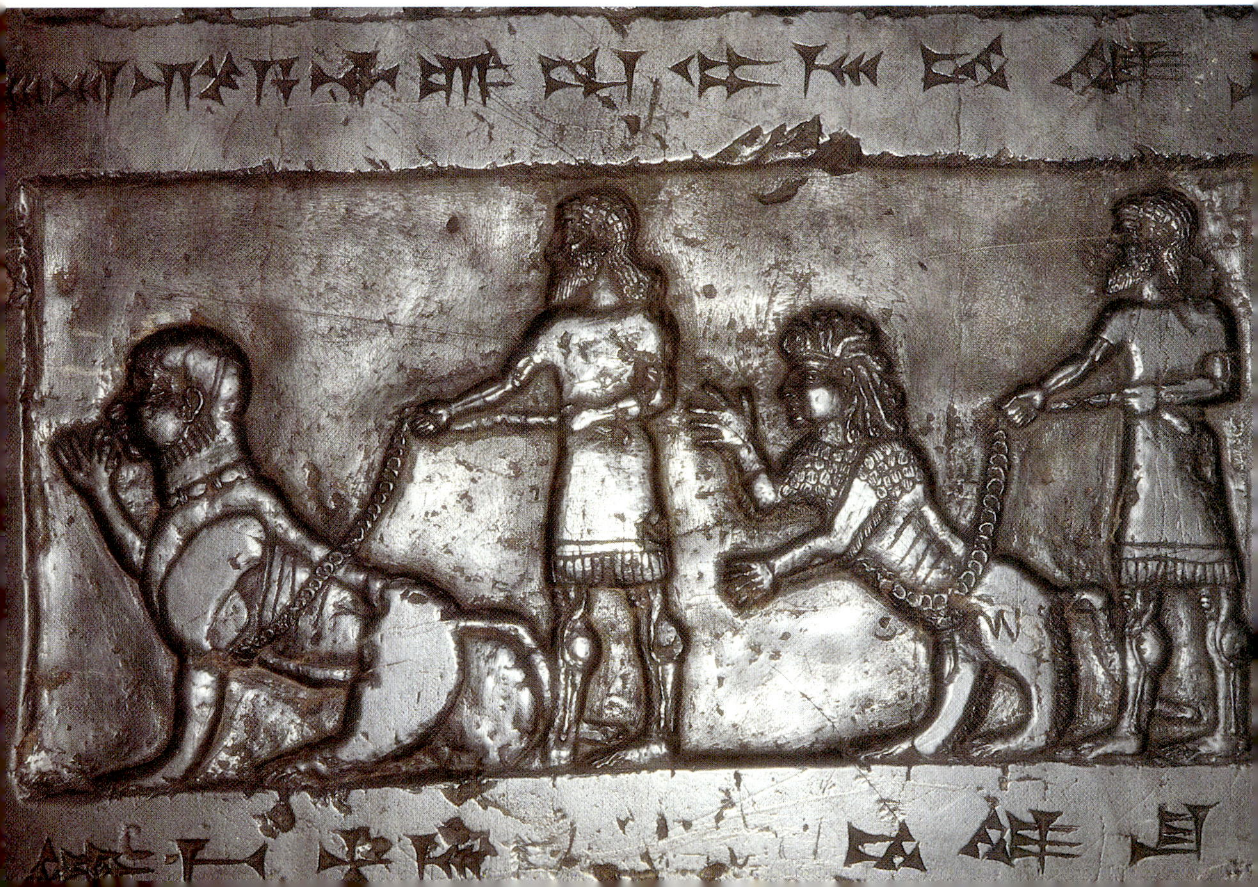

werden können. Zunächst wird ein junger Elefant sichtbar, hinter dem zwei Wärter seltsame Gebilde an der Leine führen. Diese müssen gelebt haben, denn sonst wären die Leinen überflüssig. Dann folgen zwei andere Monstren, wie aus Frankensteins Gruselkabinett: Diesmal werden sie sogar an der Kette geführt. Die eine Kreatur lutscht an den Fingern, die andere zeigt uns allen die lange Nase. Und die Fachwelt möchte uns diese Mißgestalten als »Affen« verkaufen. Wer Augen hat zu sehen, der sehe!

Wiederholt sich also die Geschichte? Entdecken unsere Genetiker nur, was es bereits vor Jahrtausenden gab? Nun bin ich überzeugt, daß unsere Vorfahren *keine* Genetik kannten, daß sie *nichts* vom Genetischen Code und *nichts* von der DNS-Doppelhelix wußten. Wenn es auch nur ein einziges dieser Mischwesen tatsächlich gegeben hat, dann muß es aus einem gentechnischen Labor stammen. Unsere Vorväter waren dafür nicht zuständig. Übrig bleiben jene rätselhaften Götter, jene All-Mächtigen, auf deren Spuren ich wandle.

Bibliographie

 1 O'Kelly, M.: Newgrange. London 1983.
 2 Ray, L. P.: The Winter Solstice Phenomenon at New-Grange, Ireland: Accident oder Design? Aus: Nature, Jan. 1989, Bd. 337.
 3 Däniken, Erich von: Die Steinzeit war ganz anders. München 1991.
 4 Latusseck, R. und Kürten, Ludwig: Wie man mit Milliardenaufwand ein genetisches Wörterbuch schreibt. Aus: Die Welt, Nr. 163/1988.
 5 Karst, Josef: Eusebius' Werke – 5. Band, Die Chronik. Leipzig 1911.
 6 Däniken, Erich von: Die Augen der Sphinx. München 1989.
 7 Eberhard, Otto: Beiträge zur Geschichte der Stierkulte in Ägypten. Leipzig 1938.
 8 Mariette, Auguste: Le Sérapéum de Memphis. Paris 1857, veröffentlicht von Gaston Maspero 1882.
 9 Grieshammer, R.: Grab und Jenseitsglaube. Aus: Arne Eggebrecht, Das alte Ägypten. München 1984.
10 Herodot: Historien, Bücher I + II. München 1963.

Linke Seite, oben: Auf dem schwarzen Obelisken von Salamasar II. werden hinter dem Elefanten Mischwesen abgeführt.

Linke Seite, unten: Derselbe Obelisk mit einem anderen Ausschnitt. Die Mischwesen werden an der Leine gehalten – sie scheinen gelebt zu haben. Die linke Figur lutscht am Daumen, die rechte zeigt uns allen die lange Nase.

3. Kapitel

Die heilige Maschine

Das Rätsel der Bundeslade – Der »Uralte der Tage« – Die Manna-Maschine – Ein Plutoniumreaktor im Altertum – Auserwählt für ein Nahrungsexperiment – Die Parzival-Legende – Das Geheimnis des Templerordens – Der Schatz auf Oak Island – Datierungen mit C 14 – Abraham in einem Weltraumschiff

Sie alle kennen die Geschichte vom auserwählten Volk, das vierzig Jahre in der Wüste herumzog, bis es endlich das Gelobte Land erreichte. Während des langen Wüstenaufenthalts ereigneten sich unter anderem zwei Dinge, die mich schon immer beschäftigt haben.

Eines Tages wurde Moses auf den Berg Sinai gerufen, und dort bekam er die Anweisung zum Bau der Bundeslade. Im zweiten Buch Moses, Kapitel 25, Vers 40 befiehlt der Herr dem Führer der Israeliten sogar, er solle achtgeben, auf daß er alles genau nach dem Vorbilde mache, das ihm gezeigt werde. Was ist daran so seltsam?

Ich bin ein gläubiger Mensch. Für mich steht außer Zweifel, daß Gott und somit die Schöpfung des Universums existiert. Doch weshalb soll dieser Gott das Modell irgendeines Kastens mitführen, und warum wird Moses so eindringlich ermahnt, beim Nachbau der Apparatur auch alle Vorschriften strikt zu befolgen?

Was war das eigentlich, diese Bundeslade?

In der theologischen Literatur liest man darüber die verschiedensten Ansichten. Am bekanntesten ist das Motiv einer Kiste aus Akazienholz, die sowohl innen als auch außen mit Gold überzogen war.[1]

Und was enthielt diese Kiste? Auch darüber streiten die Theologen. Mal ist es ein »Behältnis für einen heiligen Stein«[2], dann ein »wandelnder Gottesthron«[3], »ein Kasten, in dem unantastbare Geräte transportiert wurden«, oder, wie der Theologe Richard Vatke Mitte des letzten Jahrhunderts meinte, ein »leeres Gefäß«, denn Gott habe darin gewohnt.[4]

Sicher ist nur, daß die Bundeslade von speziell geschulten Priestern, den Leviten, gewartet und transportiert werden durfte.

Und aus der Bibel wie auch aus dem äthiopischen Königsbuch, dem *Kebra Negest*[5], wird klar, daß die Bundeslade gefährlich war, da sie einige Unfälle mit tödlichem Ausgang verursachte. Und jedesmal, wenn das

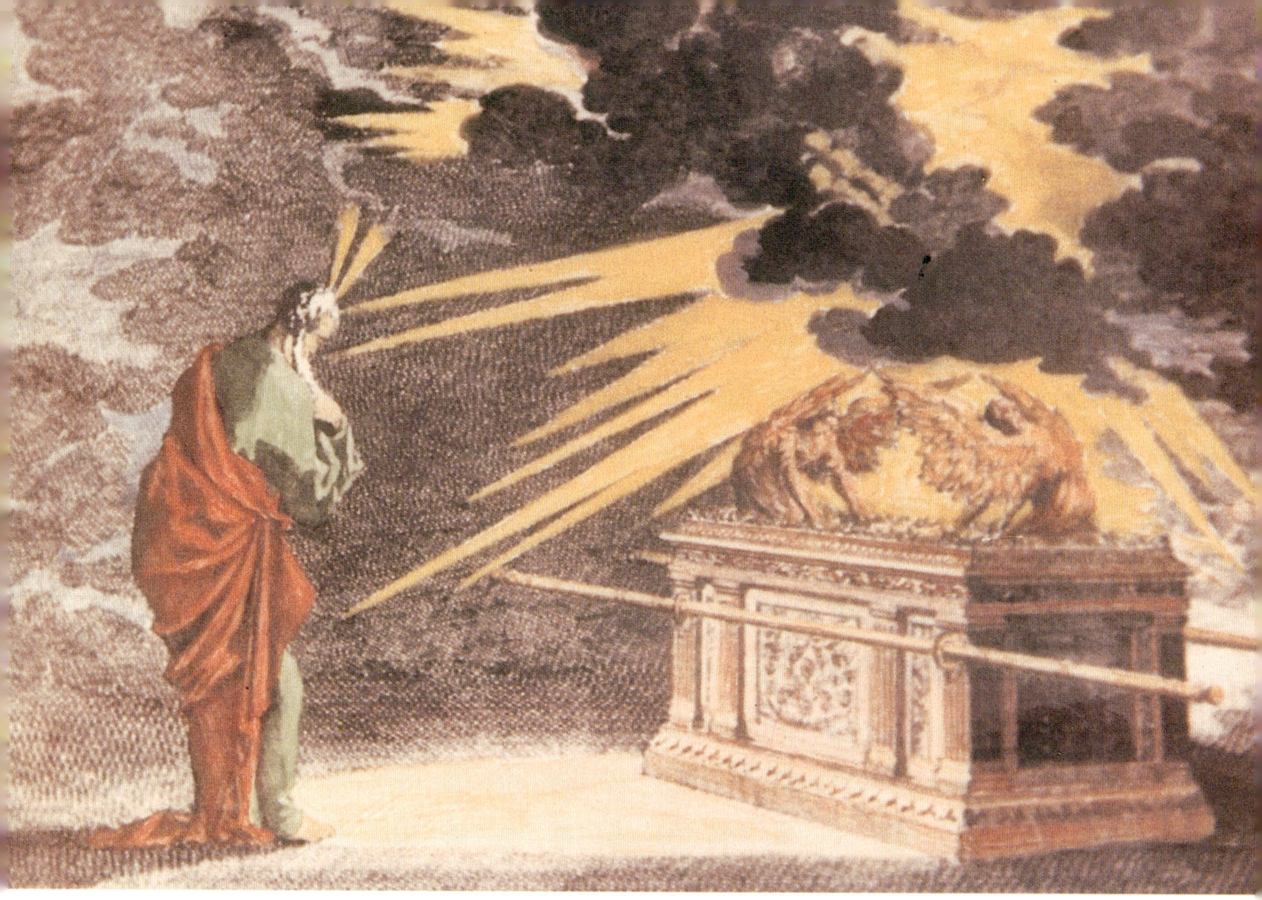

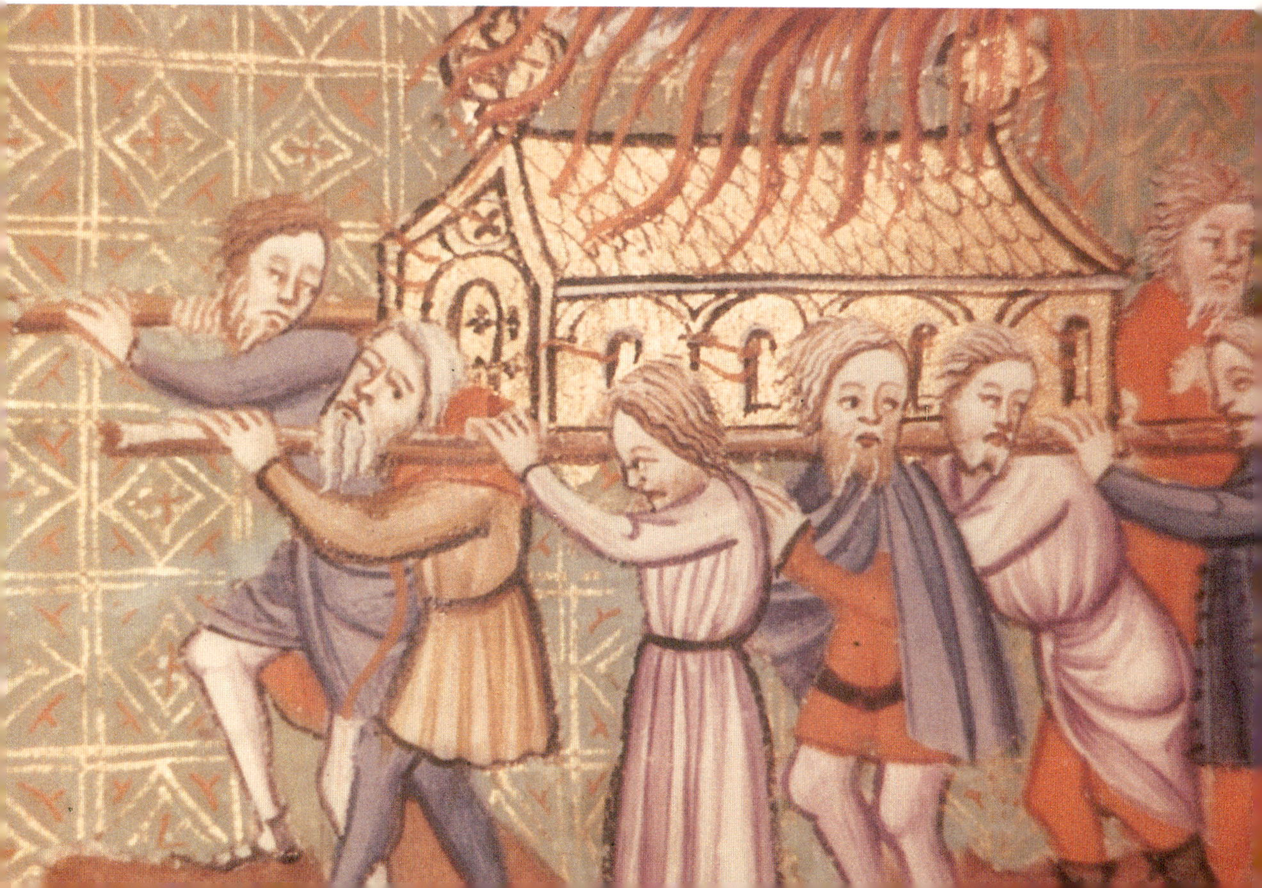

auserwählte Volk einen Halt einlegte, trugen die Prieser aus dem Stamm
Levi die Lade in das heilige Zelt.

Im letzten Jahrhundert lebte in Berlin der Philosoph, Mathematiker
und Direktor der jüdischen Freischule, Lazarus Bendavid. Er hatte sich
gründlich mit den jüdischen Überlieferungen auseinandergesetzt und
kam zu dem Schluß, die Bundeslade sei auch im heiligen Zelt eine tödliche
Bedrohung gewesen. Der Hohepriester habe den Gang in dieses Heiligtum stets mit einer gewissen Ängstlichkeit angetreten und sich hinterher
einen guten Tag gegönnt, wenn er glücklich zurückkam.[6]

Das alles ist verwirrend. In unserer Zeit hat der Filmregisseur Steven
Spielberg einen phantastischen Abenteuerfilm um die Bundeslade ge-
dreht: *Jäger des verlorenen Schatzes.*

Auch zwei Briten, George Sassoon und Rodney Dale, befaßten sich vor einigen Jahren mit dieser Bundeslade. George hatte dafür extra Aramäisch gelernt, Rodney ist von Beruf Biologe und technischer Schriftsteller.[7]

Unter vielen Dokumenten konsultierten die beiden Forscher auch das Buch Sohar, das Bestandteil der *Kabbala*, einer alten jüdischen Geheimschrift, ist.[8] Im Buch Sohar sind der Bundeslade knappe fünfzig Seiten gewidmet. Das ist weit mehr als in allen anderen Schriften.

Kurioserweise wird die Bundeslade im Buch Sohar immer mit einem Wesen zusammengebracht, das »Der Uralte der Tage« genannt wird. Dieser ominöse »Uralte« soll zwei Schädel gehabt haben, in denen Säfte von einem Schädel in den anderen flossen. Der obere, kleine Kopf habe das Gehirn enthalten, und niemand habe es je geöffnet. Aus dem unteren Kopf hingegen seien Schläuche heraus- und wieder hereingewachsen. Schließlich habe dieser »Uralte« einen Bauch besessen, in dem grelles Licht leuchtete. Von dort aus hätten wiederum Schläuche zu zwei Hoden und schließlich sogar zu einem Penis geführt.

Den britischen Forschern war rasch klar, daß mit einer solchen Beschreibung niemals ein alter Mann gemeint sein konnte. Hier lag in mißverständlicher Weise die Schilderung irgendeiner Maschine vor. Die Briten machten sich daran, die Texte Satz für Satz zu sezieren und die Resultate auf dem Reißbrett festzuhalten. Das Endergebnis ergab die Zeichnung einer algenproduzierenden Apparatur, eine Art »Manna-Maschine«.

Anläßlich der Fernsehsendung habe ich im Studio dazu Dr. Johannes Fiebag befragt. Er hat sich jahrelang intensiv mit dieser seltsamen Apparatur und ihrer Geschichte beschäftigt.

»Herr Dr. Fiebag, was ist das für eine Maschine?«

»Im Grunde nichts anderes als ein Algenkultivierungsbehälter.«

»Wie soll das Ding funktionieren?«

»Im Inneren der Apparatur zirkuliert eine Grünalgenkultur des Typs Chlorella. Diese Kultur wird von einer starken Lichtquelle bestrahlt. Aus Nebenbehältern werden Kohlehydrate, Fette und andere Zutaten beigemischt. Die ganze Kultur zirkuliert in einem Röhrensystem, das einen Austausch von Sauerstoff und Kohlendioxid mit der Atmosphäre ermöglicht und überschüssige Wärme ausströmen läßt. Schließlich wird der Chlorellaschlamm in ein anderes Gefäß abgezogen und so behandelt, daß die Stärke teilweise in Malzzucker hydroliert. Der wiederum wird leicht gebrannt und gibt dem Ganzen einen Honigwaffelgeschmack. Im zweiten Buch Moses, Kapitel 16, Vers 31 wird festgehalten, Manna sei weiß gewesen wie Koriandersamen und habe geschmeckt wie Honigkuchen. Übrigens tropft das flüssige Produkt in die beiden Behälter – die sogenannten ›Hoden des Uralten‹ – und wird durch einen simplen Hahn, den ›Penis‹, abgezapft.«

Rechte Seite:
Die Rekonstruk-
tion der Manna-
Maschine nach
George Sassoon
und Rodney Dale.

»Und woher kam die Energie für die ganze Anlage?«

»*Das Gerät stammte schließlich nicht von den Israeliten, es wurde
lediglich von ihnen benutzt. Wir nehmen an, die Maschinerie kommt von
einer außerirdischen Intelligenz. Die wiederum kannte nukleare Brenn-
stoffbehälter, möglicherweise einen kleinen Plutoniumreaktor.*«

»Unsere gegenwärtige Weltraumtechnologie verwendet derartige Behälter, beispielsweise in Satelliten. Man nennt sie Minireaktoren, und es
ist mehr als einmal Alarm gegeben worden, als mit Minireaktoren be-
stückte Satelliten auf die Erde stürzten. In unserem Falle müßte man sich
einen Minireaktor vorstellen, der das Bestrahlungslicht für die Algenkultur liefert und die ganze Apparatur mit Energie versorgt. Wie schnell hat
sich denn diese Algenkultur vermehrt?«

»*Nach der Bibel wurde das Manna täglich produziert, das bedeutet,
daß die Bearbeitung des Algenmaterials innerhalb von vierundzwanzig
Stunden erfolgte. Man kennt diverse Algen des Chlorellatyps, die sich bei
günstiger Sonnenbestrahlung in vierundzwanzig Stunden verdoppeln.*«

»Wer könnte ein Interesse daran gehabt haben, ein Volk, schon eher ein
ausgesuchtes Volk, in der Wüste herumzuführen und mit einem derartigen Nahrungsmittel zu versehen. Was sollte das Ganze?«

»*Was letztlich die Motivation war, weiß ich auch nicht. Wir können nur
anhand der Bibel beziehungsweise anhand des Buches Sohar nachvollziehen, daß bestimmte Dinge abgelaufen sind. Es scheint aber so zu sein, daß
dieses Volk über vierzig Jahre, also über eine ganze Generation, in der
Wüste gehalten wurde. Erst die zweite Generation nach derjenigen, die
aus Ägypten aufgebrochen war, durfte in das Gelobte Land einziehen.
Selbst Moses, der Anführer, erreichte das Gelobte Land nie.*«

»Wenn die Manna-Maschine, wie wir sie mal nennen wollen, ihre
Energie aus einem Nuklearantrieb bezog, dann war das Ding gefährlich.
Nun wissen wir von der Bundeslade, daß zumindest sie tatsächlich lebensgefährlich war. Todesfälle sind registriert. Wohin also ist das Ding
entschwunden? Hat es sich in Luft aufgelöst, oder gibt es heute noch
irgendwelche Überreste dieser Maschine?«

»*Es ist zu vermuten, daß tatsächlich noch Überreste existieren. Da gibt
es beispielsweise interessante Hinweise aus dem Mittelalter, nämlich aus
der Parzival-Legende . . .*«

». . . derjenigen von Wolfram von Eschenbach . . . ?«

»*. . . genau der! Sie enthält als Kern den Mythos vom heiligen Gral, und
dieser Gral wird im Grunde genommen beschrieben wie die Manna-
Maschine: nämlich als brotspendendes Gefäß. Dies läßt sich etymologisch
und auch von verschiedenen Hinweisen in den Texten selbst durchaus
nachvollziehen. Dann gibt es eine historische Schiene, denn Wolfram von
Eschenbach bezeichnet die Gralshüter als ›Templeisen‹. Mit den ›Templeisen‹ meint er den Orden der Templer. Bei den Templern wiederum gibt
es genügend historische Hinweise, daß sie nach Palästina gereist sind, um*

46

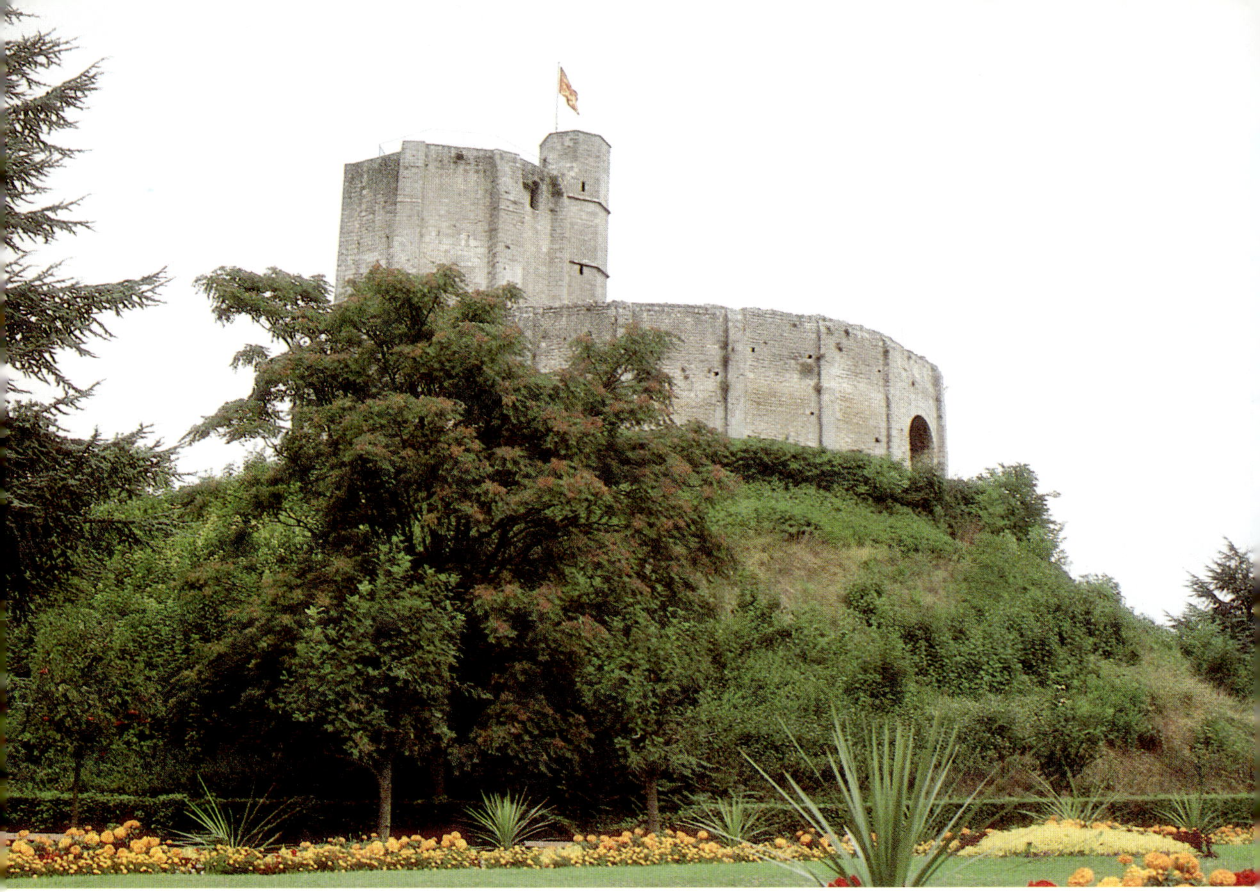

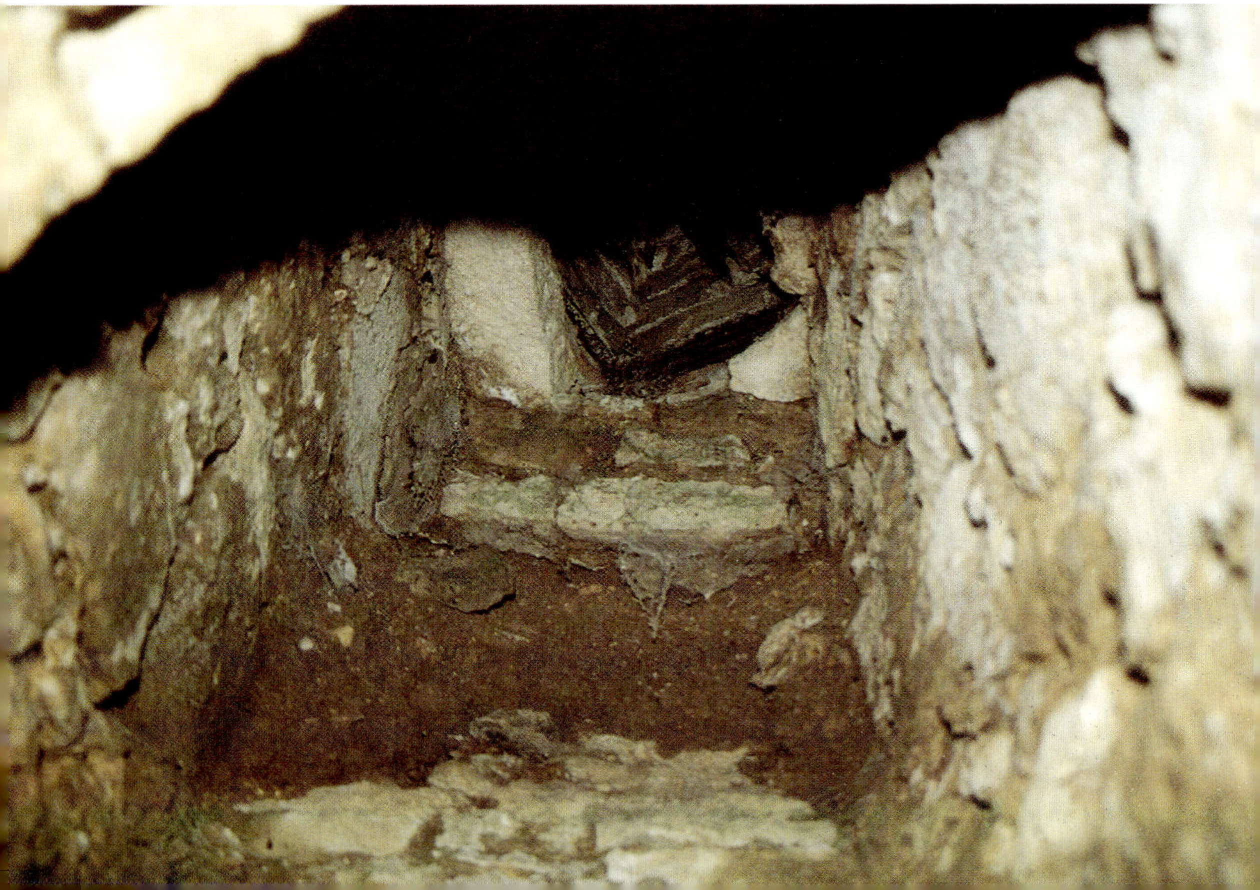

ebendieses Gerät, den heiligen Gral alias Manna-Maschine, zu finden. Tatsächlich soll der heilige Gral zeitweise in Frankreich aufbewahrt worden sein.«

»Und wieso fragt man nicht den Prior des heutigen Templerordens, wo das Ding verborgen sei?«

»Der Templerorden wurde bereits dreihundert Jahre nach dem Besuch im Heiligen Land zerschlagen. Die weltliche Macht war an den Reichtümern des Ordens interessiert. Kurioserweise findet man in den Anklageschriften von damals Beschreibungen eines Idols, also irgendeines Monstrums, das von den Brüdern des Templerordens verehrt worden sei. Die Beschreibungen dieses Idols sind kurioserweise identisch mit den Beschreibungen, die wir über die Manna-Maschine im Buch Sohar vorfinden.«

»Also hätte sich Wolfram von Eschenbach auf ältere Überlieferungen bezogen, die sich wiederum mit dieser brotproduzierenden Maschine befaßten. Die Templer müssen ähnliche Texte, vielleicht auch dieselben, gekannt haben, denn sie reisten nach Israel und fanden zumindest Teile der Maschine. Und wo ist die Maschine heute?«

»Das ist die große Frage, es gibt aber einige Hinweise auf einige Orte, an denen die Templer sie versteckt haben könnten, zum Beispiel die Burg Gisors, zwischen Paris und der Küste gelegen, oder den Wald des Orients, nahe der Stadt Troyes zwischen den Flüssen Seine und Aube.«

»Dumm gefragt: Wieso gräbt denn niemand an diesen Orten, wieso holt sich niemand das Objekt?«

»Da gibt es eine ganz merkwürdige Geschichte, die mit der Burg Gisors verbunden ist. Anfang der sechziger Jahre wurde das Gelände weiträumig vom französischen Militär abgesperrt, nachdem etwa ein Jahrzehnt zuvor der ehemalige Aufseher der Burg behauptet hatte, im Untergrund gebe es große metallene Kisten. Nach der Absperrung durch die Armee fanden archäologische Grabungen unter Ausschluß der Öffentlichkeit statt. Sie dauerten satte eineinhalb Jahre!

Heute sind die Burg und das umliegende Gelände wieder zugänglich, doch niemand weiß, was die Archäologen unter militärischem Schutz eigentlich suchten und vermutlich auch fanden. Genausowenig gibt es eine Antwort darauf, weshalb der ganze militärische Zirkus veranstaltet wurde.«

»Das ist tatsächlich im höchsten Grade erstaunlich. Es gibt aber, und das haben Sie in Ihrem neuesten Buch geschrieben,[9] wo Sie die ganze Geschichte dieser Manna-Maschine respektive des heiligen Grals behandeln, noch einen anderen Ort, der gute Verdachtsmomente liefert, wo Überreste dieser Maschine sein könnten.«

»Es gibt ein ganz raffiniertes Versteck auf Oak Island, einer Kanada vorgelagerten Insel, wo man seit etwa zweieinhalb Jahrhunderten versucht, an einen hypothetischen Schatz zu kommen, der tief im Untergrund verborgen sein soll.«

»Man weiß, daß ein Schatz auf der Insel liegt, und kommt nicht ran?«

»Genau, es gibt ein sehr kompliziertes Versteck, einen Schacht mit verschiedenen Nebenschächten, doch bis heute ist es nicht gelungen, dort hineinzukommen.«

»Und wieso nicht?«

»Weil durch diverse Nebenschächte ständig Wasser aus dem Meer hinzugeführt wird. Jedes Bohrloch läuft schnell wieder mit Wasser voll.«

»Was mir hier Schwierigkeiten bereitet, ist dies: Die Templer wirkten in Frankreich. Warum sollen sich jetzt Teile der Manna-Maschine plötzlich auf einer Insel, die Kanada vorgelagert ist, befinden?«

»Zunächst einmal gibt es die Hypothese, daß die Templer schon vor Kolumbus den Atlantik überquert hatten. Sie wurden in Europa verfolgt und versuchten mit allen Mitteln, ihr ›Idol‹ vor den weltlichen Häschern zu retten. Dafür gibt es gute literarische Indizien. Und von Oak Island wiederum wissen wir, daß dort kein gewöhnlicher Piratenschatz eingelagert wurde, denn der auf der Insel vergrabene Schatz ist radioaktiv. Genauso wie die Manna-Maschine.«

»Jetzt wird's aber gefährlich.«

»Aus dem Schacht auf Oak Island wurden verschiedene organische Substanzen an die Oberfläche geholt: Holzsplitter, Lederstücke, Pergamentfetzen. Und die wurden mit der C-14-Methode datiert. Dabei zeigte sich, daß die Proben sehr widersprüchliche Datierungen aufwiesen. Nämlich Daten von vor Christus, solche aus dem Mittelalter und kurioserweise auch solche mit 3000 nach Christi...«

»...das geht ja praktisch nicht. Das ist völlig unmöglich.«

»Richtig. Und dennoch bleiben die irrsinnigen Datumsangaben. Praktisch bedeutet dies, daß die radioaktive C-14-Uhr die Proben verfälscht haben muß. Dies kann nur durch eine radioaktiv strahlende Quelle im Untergrund geschehen sein. Uran und Pechblende kommen nicht in Frage, denn es gibt auf Oak Island weder Uran noch Pechblende. Also bleibt als einzige Möglichkeit nur noch...«

...eine künstliche, radioaktive Quelle wie die Überreste eines Minireaktors! Die Templer hätten demnach die Flucht über den Ozean angetreten und zumindest Teile der Manna-Maschine mitgenommen. Auf Oak Island legten sie ein raffiniertes Versteck an, denn sie waren nicht in Eile, und niemand beobachtete sie. Dort vergruben sie ihren Schatz. Eindeutig an der ganzen Geschichte ist eigentlich nur, daß es einst eine algenproduzierende Maschine gab, die man heute aufgrund der alten Texte im Buch Sohar rekonstruieren kann. Sicher ist auch, daß diese Maschine lebensgefährlich war, wenn sie falsch bedient wurde. Schließlich findet man bei Wolfram von Eschenbach eine Beschreibung derselben brotproduzierenden Anlage, verbunden mit dem Templerorden, und dann wird der Orden zerschlagen und kaputtgemacht. Die Ordensschrif-

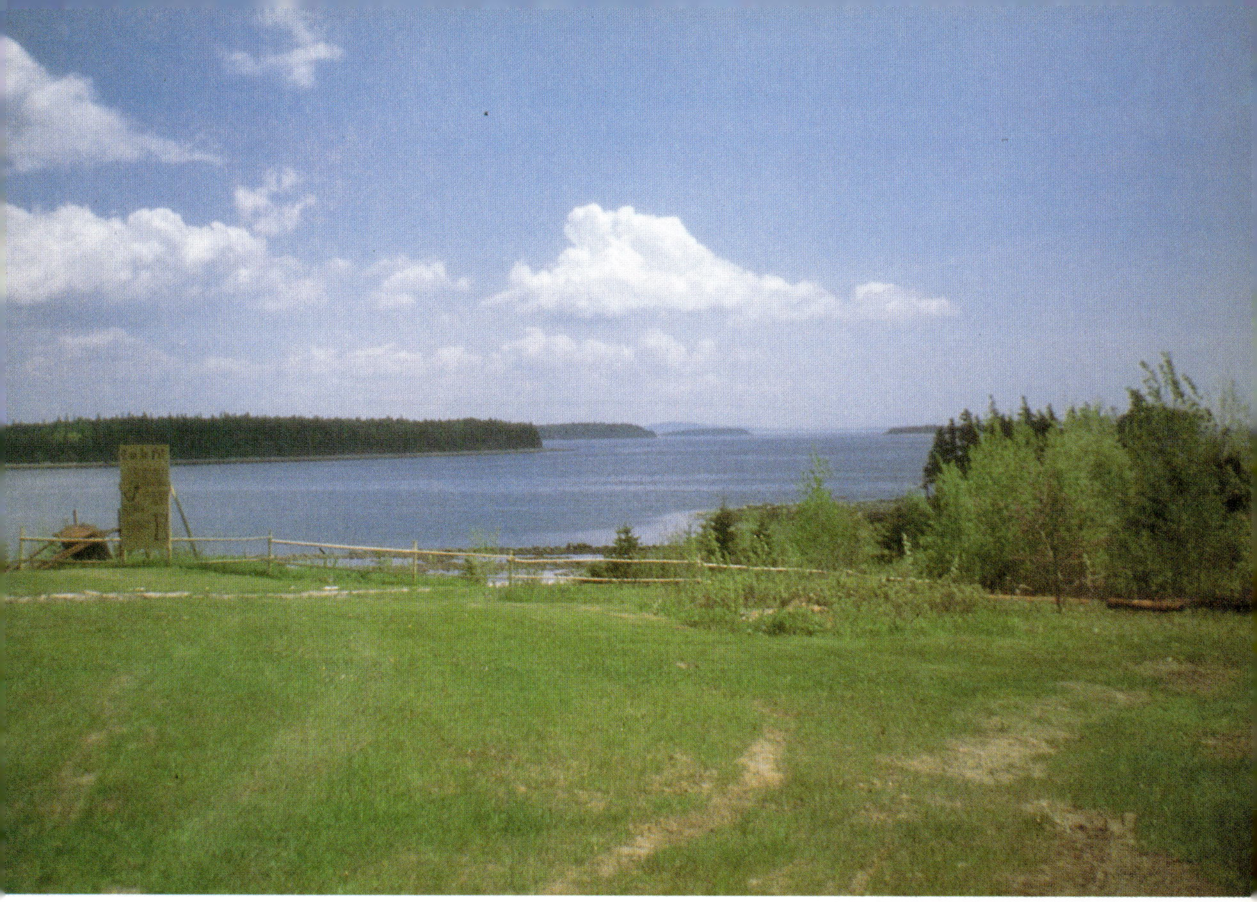

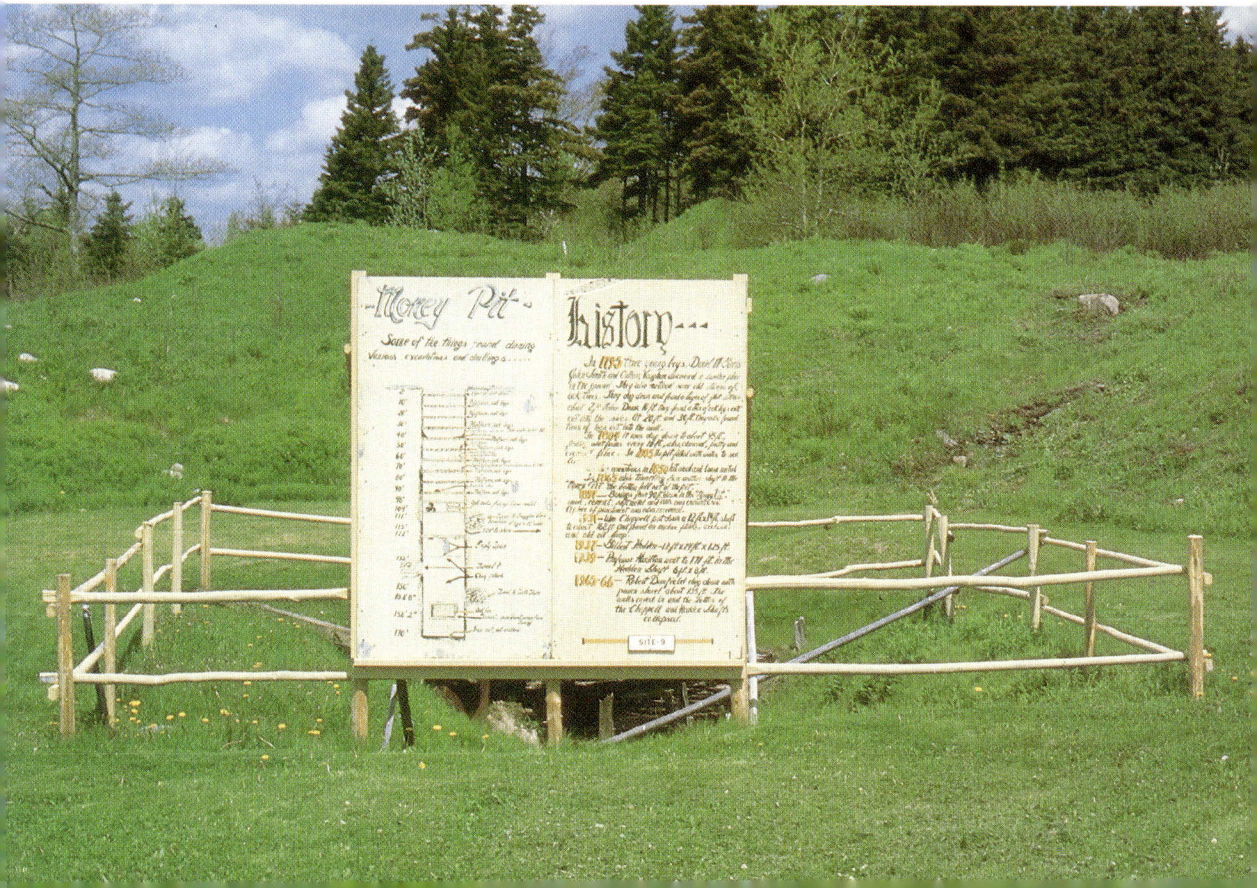

-Money Pit-
History---
SITE-9

ten werden zerstört, und heute stehen wir vor Indizien und versuchen, wieder an Einzelteile dieses Objektes heranzukommen.«

Soweit das Interview.

Vielleicht müßte ich dazu noch ein kleines Wort erklären. Johannes Fiebag sprach von widersprüchlichen Datierungen, und er gebrauchte den Begriff »C 14«. Damit meint man den Kohlenstoff mit der Isotopenzahl 14. Kohlenstoff 14 ist leicht radioaktiv, er kommt aus dem Weltraum zu uns, und alle organischen Substanzen, wie Menschen, Pflanzen, Tiere, haben C-14-Isotopen in sich. Nun zerfällt aber jedes radioaktive Material, es hat seine Halbwertzeit. Bei C 14 beträgt die Halbwertzeit fünftausendsechshundert Jahre. Jetzt nimmt man eine Probe und kann in der sogenannten C-14-Uhr messen, wie viele C-14-Isotopen noch vorhanden sind. Da man die Ausgangsbasis kennt, läßt sich leicht die Anzahl bereits zerfallener C-14-Isotopen errechnen. Im konkreten Fall kam aber ein völlig falsches Datum heraus, nämlich 3000 Jahre *nach* Christus. Wie ist das erklärbar? Offensichtlich ist auf Oak Island eine radioaktive Quelle verborgen, die *mehr* C 14 liefert, als es die natürliche Umgebung tun würde.

Was war eigentlich dieses Manna? Handelte es sich nicht um ein Brot, das vom Himmel fiel?

In den vergangenen Jahrzehnten sind immer wieder Erklärungen für das biblische »Brot, das vom Himmel fiel«, präsentiert worden. Man hielt es für einen Saft, der aus Distelzweigen kam. Andere vermuteten dahinter Heuschrecken oder eine Fruchtzuckerart, die wie Honig schmeckt und von Ameisen gesammelt wird. Auch wurde das Manna schon als eine Pflanzenflechte identifiziert. Selbst vom Himmel stürzende Tauben- und Schwalbenschwärme mußten die für göttliche Speise herhalten.

Das Ärgerliche an allen bisherigen Lösungsvorschlägen blieb die Tatsache, daß die *natürlichen* Varianten nur kurzfristig – bestenfalls während einiger Monate im Jahr – zur Verfügung standen. Das biblische Manna hingegen wird als Grundnahrungsmittel beschrieben, auf das Tag für Tag neu zurückgegriffen werden konnte.

Und was hätte die Bundeslade mit dieser Manna-Maschine zu tun?

Sie lieferte die Energie. Oft sprühte die Bundeslade Funken, und mehrere Todesfälle sind im Zusammenhang mit der Bundeslade in den alten Texten registriert. Erst die modernen Erkenntnisse unserer Technologie machen es möglich, Überlieferungen aus der Vergangenheit mit neuen Augen zu betrachten. Vieles spricht heute dafür, daß vor Jahrtausenden irgendwer ein Volk aussuchte – auserwählte –, um mit ihm ein ganz bestimmtes Nahrungsexperiment durchzuführen.

Was sollte getestet werden?

Vermutlich der menschliche Durchhaltewille unter extremen Situationen bei einer einseitigen, aber doch sehr eiweißhaltigen Grundnahrung.

ἙΛΙCΑΙΕ

Was ließe sich mit solchen Testergebnissen anfangen?

Das gleiche, was man heute damit macht: Sportler und Soldaten werden auf ihre Reaktionen bezüglich bestimmter Nahrungsarten überprüft.
Doch auch bei der Raumfahrt sind derartige Nahrungsquellen unerläß-
lich – insbesondere wenn es um längere Strecken wie zum Mars geht.

Damit wären wir bei einer Technologie angelangt, die schwer ins Weltbild unserer Vorfahren paßt. Stammte diese Technologie von außerhalb
der Erde? Die Überlieferungen sprechen dafür.

Sie schildern sogar, wie einige unserer Vorväter Reisen ins Weltall
unternahmen. In der Abraham-Apokalypse – das ist ein Text, der nicht
zur Bibel, sondern zu den Apokryphen gehört – können wir nachlesen,
wie zwei Fremde, die eindeutig nicht von unserer Welt stammten, Abraham aufsuchten. Er selbst sagt nämlich, die Besucher seien *keine Menschen* gewesen.[10]

Dann heißt es, es habe Rauch gegeben wie aus einem Ofen, und
Feuerflammen seien aufgelodert. Schließlich seien die beiden Fremden
mit dem Menschen hinaufgestiegen in das Firmament. Dort oben habe
sich ein mächtiges Licht befunden, das nicht zu beschreiben war und in
dem sich fremde Gestalten bewegt und Worte gerufen hätten, die der
Mensch nicht verstehen konnte.

Das wundert mich nicht: Die Außerirdischen werden sich untereinander wohl in ihrer eigenen Sprache verständigt haben, und die begriff der Mensch nicht.

Dann aber kommt's gleich knüppeldick: Abraham wünschte – ich zitiere dies wörtlich –, »*auf die Erde niederwärts zu fallen*«. Denn der hohe Ort, wohin er geführt worden war, drehte sich mal aufrecht, dann aber wieder abwärts. Mal erblickte er die Sterne unten, dann wieder oben.

Ein irdischer Besucher, der sich zum erstenmal in einer Weltraumstadt befindet, muß exakt diesen Eindruck gewinnen. Das Riesenrad am Himmel dreht sich nämlich ständig um die eigene Achse. Nur durch diese Eigenrotation entsteht Zentrifugalkraft. Und die wiederum wirkt wie eine künstliche Schwerkraft. Ohne die Zentrifugalkraft würde alles dort oben schwerelos herumschweben, wie wir es von heutigen Astronauten kennen. Erst die Zentrifugalkraft schafft unter den Füßen einen Boden, auf dem man auch im schwerelosen Raum bequem stehen kann.

Erstaunlich ist eigentlich nur, daß solche Beschreibungen mit derartigen Einzelheiten in alten Schriften auftauchen. Ich habe Verständnis dafür, wenn diese Texte bislang aus psychologischem oder religiösem Blickwinkel heraus interpretiert worden sind.

Doch die Zeit bleibt nicht stehen. Eine neue Sicht, ein frischer Wind sind notwendig, um die Schleier über den alten Weissagungen zu lüften.

Bibliographie

1 Pierers Konversations-Lexikon, Bd. III. Berlin 1889.
2 Schmitt, Reiner: Zelt und Lade als Thema alttestamentlicher Wissenschaft. Gütersloh 1972.
3 Dibelius, Martin: Die Lade Jahves – Eine religionsgeschichtliche Untersuchung. Göttingen 1906.
4 Vatke, R.: Die biblische Theologie – wissenschaftlich dargestellt. Berlin 1835.
5 Kebra Negest – Die Herrlichkeit der Könige. Abhandlungen der Philosophisch-Philologischen Klasse der Königlich-Bayerischen Akademie der Wissenschaften, herausg. von Carl Bezold. 23. Bd., 1. Abt. München 1905.
6 Neues Theologisches Journal. Nürnberg 1898.
7 Sassoon, George, und Dale, Rodney: Die Manna-Maschine. Rastatt 1979.
8 Rosenroth, Knorr de: Kabbala denudata, 3 Bde. Frankfurt 1677–1684.
9 Fiebag, Johannes und Peter: Die Entdeckung des Grals. München 1990.
10 Rießler, Paul: Altjüdisches Schrifttum außerhalb der Bibel. Augsburg 1928.

4. Kapitel

Sterne über Afrika

Die Entdeckung von Simbabwe – Im Goldland Ophir? – Die wider-sinnige Ellipse und der unnütze Turm – Das Sternenmodell der Dogon – Von Sirius A und Sirius B – Nommo war ein Außerirdischer – Tempel für die Götter

Im Jahre 1868 verirrte sich der deutsche Abenteurer und Elfenbeinhänd-ler Adam Renders im dichten südafrikanischen Busch. Mit dem Messer bahnte er sich einen Pfad durch die tropische Wildnis, um in zivilisierte Bereiche zurückzugelangen. Plötzlich stand er vor einer zehn Meter hohen Mauer.

Wo Mauern sind, leben im allgemeinen auch Menschen. So lief Renders die Mauer entlang, merkte aber bald, daß er sich im Kreis bewegte.

Drei Jahre später führte Adam Renders den deutschen Geologen Karl Mauch zu den Ruinen im afrikanischen Urwald. Dieser erstellte einen Plan, kehrte nach Deutschland zurück und gab sich als Entdecker von Simbabwe aus. Mauch vertrat die Theorie, Simbabwe sei einst inmitten des sagenhaften Landes Ophir gelegen, aus dem König Salomon Gold und Edelsteine holen ließ.

Das war jedoch nur eine der zahllosen Deutungen, mit denen das Rätsel von Simbabwe gelöst werden sollte. Und was Adam Renders betraf, ihn ließen die Ruinen nicht mehr los – er blieb bis zu seinem Tode dort.

Bis heute liegt über den Ruinen von Simbabwe ein dichter Nebel, in dem romantische Spekulationen gedeihen. Der Archäologe Marcel Brion trug alle diesbezüglichen Veröffentlichungen zusammen und stellte schließ-lich fest, daß sie nichts anderes seien als – eben – Mutmaßungen.[1] Inzwi-schen hat sich ein Staat nach den Ruinen benannt. Das frühere Rhodesien heißt heute Simbabwe.

Der Busch um die Ruinen ist weggeschlagen, von ferne erkennt man Felsriffe und etwas tiefer im Tal eine eiförmige Mauer. Man stapft darauf zu, stößt da und dort zwischen Pflanzenbüscheln und jungen Palmen auf Ruinenreste. Schließlich türmt sich ein Mauerwall von hundert Meter Länge auf. Er ist von elliptischer Form und umschließt einen Innenraum

von zwanzigtausend Quadratmetern, eine Fläche also, die etwa der Größe von zwei Fußballfeldern entspricht. Diese Ellipse nennt man heute »Königsresidenz« – eine reichlich absurde Namensgebung, denn innerhalb der Anlage ist nichts, aber auch gar nichts zum Vorschein gekommen, was auf einen König hinweisen könnte. Man fand weder Schriftzeichen noch Statuen, Büsten, Überbleibsel von Handwerkszeug, geschweige denn Sarkophage oder Gräber.

Die Mauer, welche diese »Königsresidenz« umgibt, ist zehn Meter hoch und hat eine durchschnittliche Basisbreite von viereinhalb Metern. Mörtel wurde nicht verwendet. Der recht dicke Wall würde schätzungsweise hunderttausend Tonnen Gewicht auf die Waage bringen.

Als erster Europäer erwähnte im sechzehnten Jahrhundert der portugiesische Geschichtsschreiber João de Barros die Ruinen. Er vermerkte:

»Die Eingeborenen nennen diese Gebäude Simbabwe … Niemand weiß, durch wen und wann sie errichtet wurden, denn die Bewohner des Landes können nicht schreiben und haben keine Geschichtsüberlieferung. Sie behaupten jedoch, die Bauwerke seien ein Werk des Teufels, da es ihnen in Anbetracht ihrer eigenen Fähigkeiten unmöglich erscheint, daß sie von Menschenhand stammen.«[2]

Inzwischen steht fest, daß die Anlage von der schwarzen Bevölkerung

Die Ruinen von Simbawe aus der Ferne.

*Nachfolgende Seite:
1868 stand der deutsche Abenteurer Adam Renders mitten im Urwald plötzlich vor dieser Mauer, deren Umgebung heute freigelegt ist.*

57

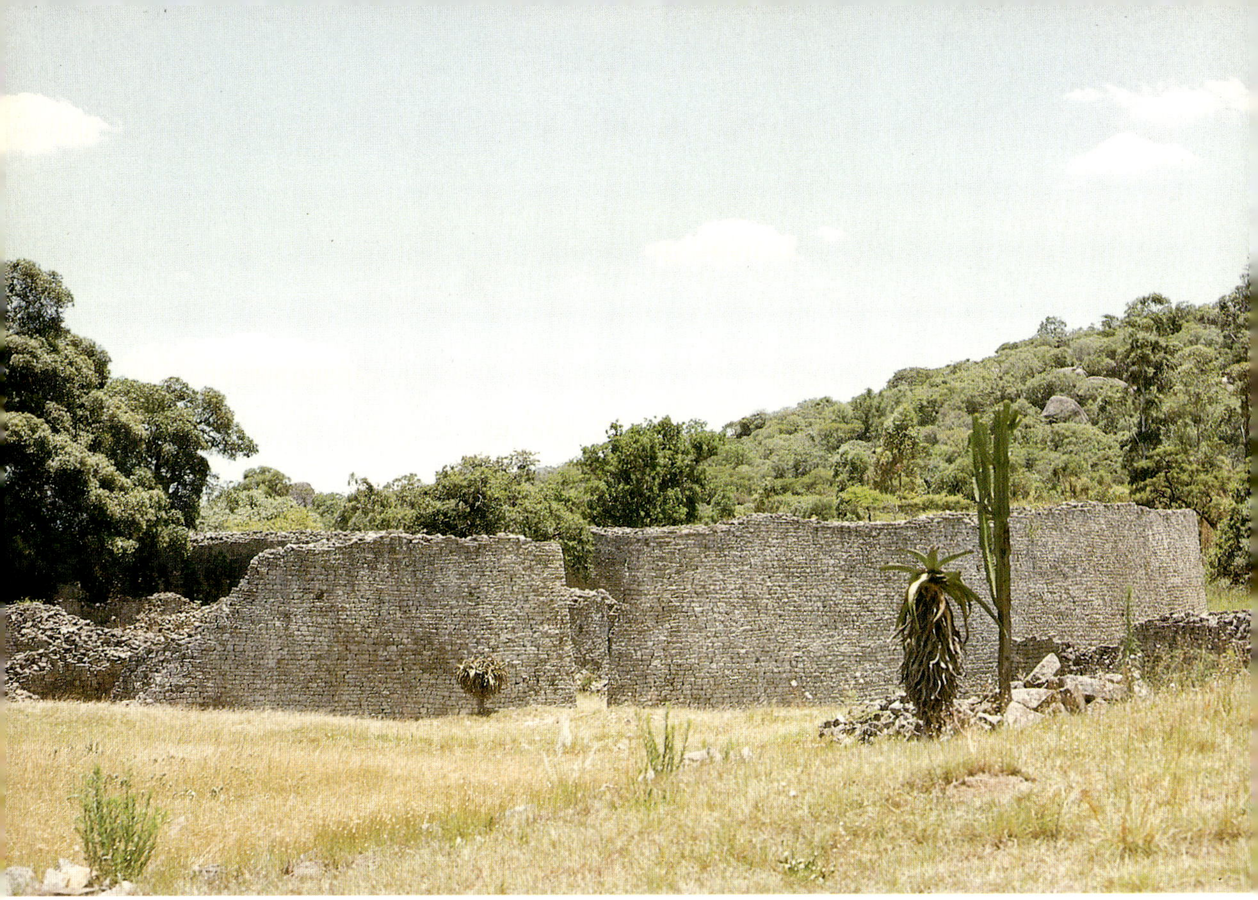

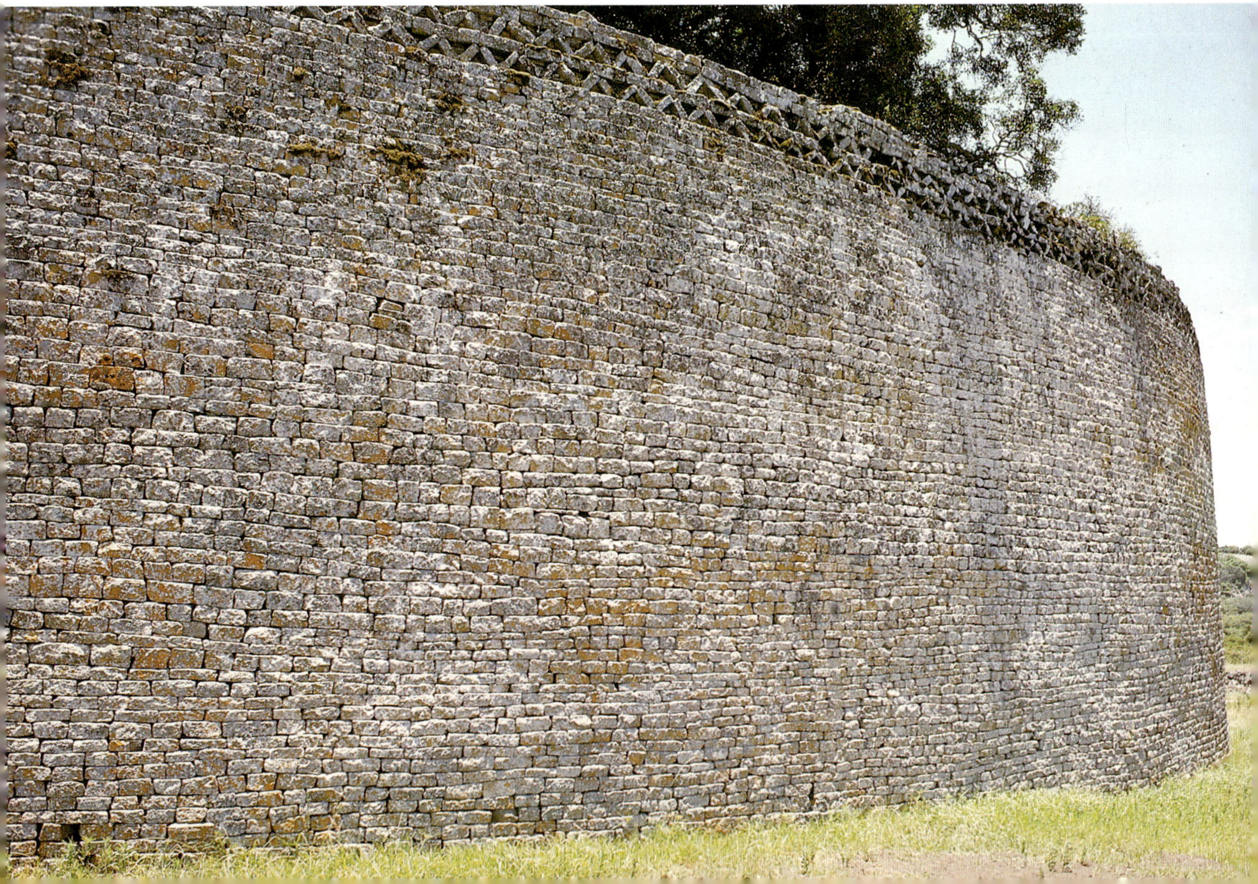

gebaut wurde. Dafür gibt es zwar keine schriftlichen, doch immerhin sprachliche Belege.

»Simbabwe« bedeutet nämlich in der Schonasprache soviel wie »Ehrwürdiges Haus«. Darunter läßt sich etwas Verehrungswürdiges aus dem Bereich der Religion vorstellen.

Zudem ist die Ruinenform von Simbabwe nicht einzigartig. Zwischen Simbabwe und dem Hafen Nova Sofala in Mosambik gibt es knapp hundert Ruinen, die zwar im Ausmaß alle viel bescheidener sind, doch die gleiche Struktur zeigen. Früher erstreckte sich das Reich von Simbabwe bis zum Indischen Ozean. Wahrscheinlich exportierten die unbekannten Könige Gold, um es, zum Beispiel bei den Arabern, gegen andere Güter einzutauschen. Man fand in Simbabwe sogar chinesische Seide und Töpferwaren, doch auch arabische Tücher, Armringe und vereinzelte Schmuckstücke aus Indien. All dies ließ die Vermutung zur Sicherheit werden, daß einst eine Handelsstraße hier vorbeiführte.

Soweit, so klar – und dennoch stimmt etwas nicht. Innerhalb der riesigen Ellipse gibt es wiederum kleinere Ellipsen, dann Kreise aus Mäuerchen, schließlich eine parallel zum großen Wall verlaufende Mauer. So entsteht zwischen den beiden Mauern ein schmaler Gang, eine Art Schlucht, die nirgendwohin führt. Sie scheint sinnlos zu sein, denn nach einem halben Bogen trennt sie sich von der Hauptmauer und verliert

Oben links:
Die Hauptmauer
ist zehn Meter
hoch, mit einer
durchschnittlichen
Basisbreite von
viereinhalb
Metern. Es gibt
weder Treppen,
Schießscharten
noch Tore nach
außen.

Oben rechts:
Innerhalb der
großen Mauer lie-
gen kleinere
Mäuerchen und
Türmchen. Sym-
bolisierten sie das
Sirius-Stern-
system?

Rechte Seite,
oben:
Eine zweite, sinn-
los erscheinende
Mauer verläuft
parallel zur ersten.

Rechte Seite,
unten:
In der rechten
»Ecke« der Ellipse
steht dieser koni-
sche Turm. Er hat
weder Stiegen,
Fenster noch einen
Eingang und ist
inwendig mit Stei-
nen ausgefüllt.

sich in einer kleinen Kurve. Nirgendwo ist ein Eingang, nirgendwo ein Aufstieg zu erkennen.

Im unteren Teil der Ellipse steht ein sechs Meter breiter Turm. Er wirkt wuchtig, läuft oben spitz zu und mißt in der Höhe insgesamt zehn Meter.

Der Turm, so nahm man ursprünglich an, müsse wohl zur Bewachung des Geländes gedient haben. Doch diese Ansicht erwies sich als Irrtum. Man hätte die Umgebung genausogut von der elliptischen Mauer aus beobachten können, oder – noch besser – von den nahen Felsklippen, die heute als »Akropolis« bezeichnet werden. Auch in dieses Bauwerk führt kein Eingang, keine Stiegen bringen den Besucher nach oben. Das selt-same Gebilde hat weder Fenster noch sonst irgend etwas, das es als Wachturm auszeichnen würde. Und zu allem Überfluß steht es innerhalb der Mauer.

Die englische Archäologin Gertrude Caton-Thompson, welche im Jahre 1929 die Ausgrabungen leitete, vermutete unter dem Turm ein Grab. Also ließ sie buddeln, doch da war nichts. Der Turm verrät keinen für uns begreiflichen Sinn, er steht ziemlich sprachlos im restlichen Mauerwerk herum.

Außerhalb der Hauptellipse breitet sich ein weniger spektakuläres Ruinenfeld aus – man nennt es das »Tal der Ruinen«. Von einem »Tal« ist allerdings nichts zu erkennen. Die Geröllhaufen und Mäuerchen sind auf demselben Flachland verstreut, auf dem auch die große Ellipse errichtet wurde. Zwischen den Gesteinen sprießt eine üppige, farbenprächtige Vegetation.

All dies wird von einem dritten Komplex überragt, der auf einem zerklüfteten Felsrücken liegt. Mir ist absolut schleierhaft, wie man auf die Idee kam, das Ganze als »Akropolis« zu bezeichnen. Hier oben sind die natürlichen Gegebenheiten in raffinierter Weise ausgenutzt worden: Wo es Felslücken gibt, sind Mauern eingefügt, die den äußeren Wall bilden. Die dickste von ihnen ist immerhin siebeneinhalb Meter hoch und an der Basis 6,70 Meter breit. Dieser Abschnitt von Simbabwe muß leicht zu verteidigen gewesen sein – falls es sich überhaupt um eine Festung gehan-delt hat.

Hier oben fanden Archäologen kleine goldene Armbänder, Glasperlen und acht Vögel aus Seifenstein. Diese »Simbabwer-Vögel« machen die Ruinenlandschaft noch rätelhafter. Sie sind bis zu dreißig Zentimeter hoch und könnten ursprünglich auf Säulen gethront haben.

Einige der Felsblöcke der »Akropolis« sind von Menschenhand nach-bearbeitet worden. Ich kenne ähnliche Beispiele aus Peru. Doch wozu überhaupt eine Felsenfestung? Man weiß inzwischen, daß in den Minen und Stollen um Simbabwe nach Gold gegraben wurde. Heutige Schät-zungen gehen davon aus, in der Blütezeit des Reiches seien bis zu sechzig-tausend Tonnen Gold pro Jahr gefördert worden. Derzeit beträgt die jährliche Produktion des Staates Simbabwe mickrige sechzehn Tonnen.

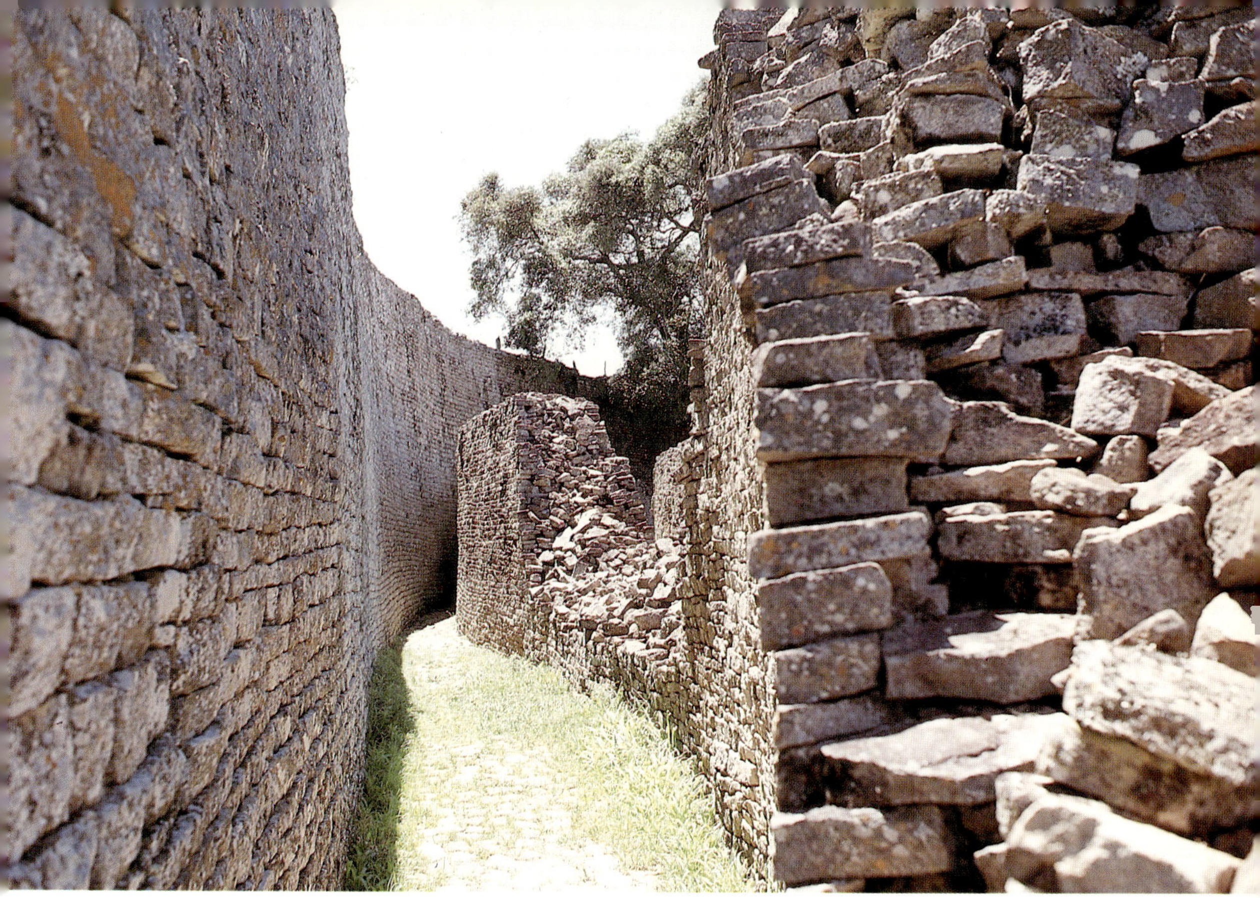

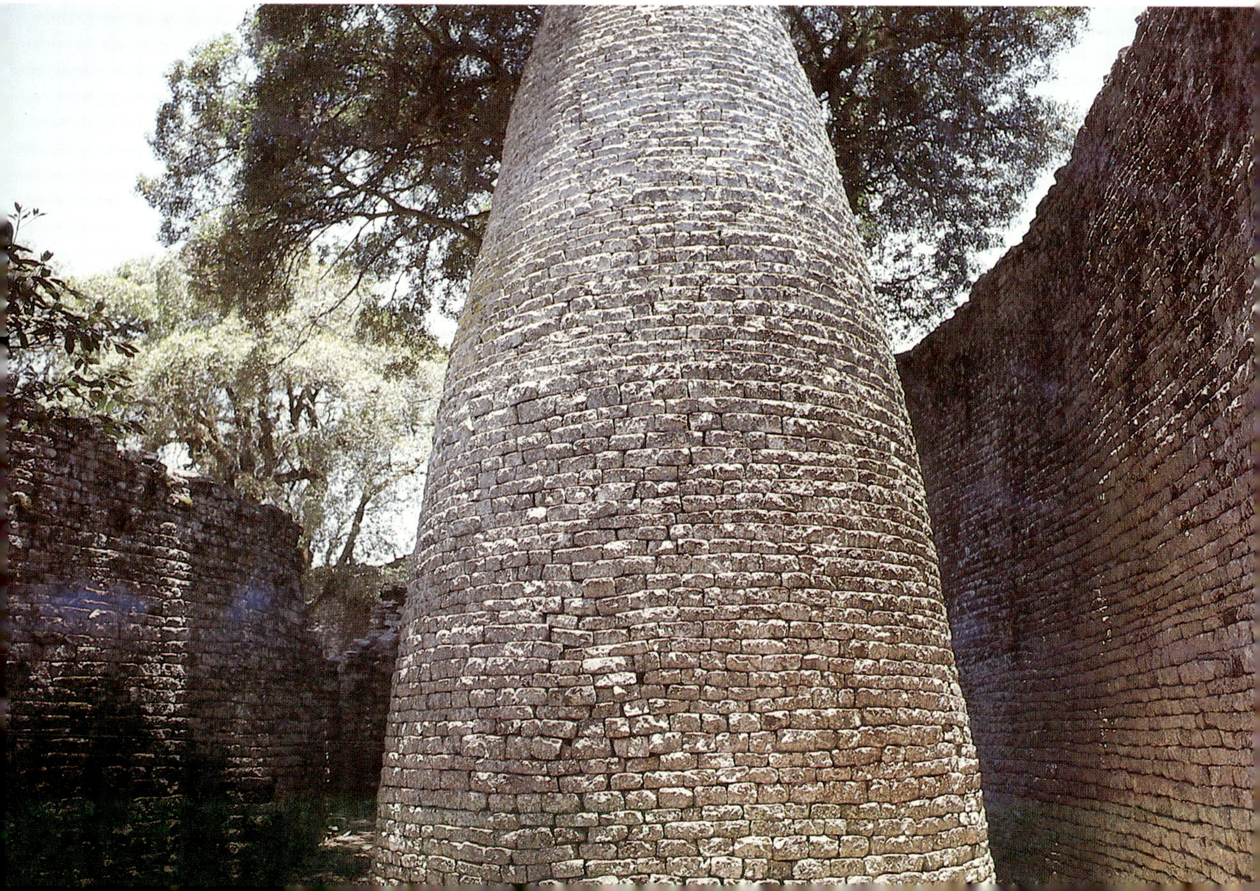

Der Zweck der Befestigung zwischen den Naturfelsen in lichter Höhe dürfte die Sicherung des Goldes gewesen sein. Vermutlich war das, was heute »Akropolis« genannt wird, eine Art Garnison, in der Soldaten lebten. Von hier oben ließ sich die ganze Ebene überblicken, und auch die Goldtransporte waren sicher wie in Abrahams Schoß.

Was aber sollte die elliptische Mauer? Von dort aus gab es weder einen Rundblick noch sonst irgend etwas, was Verteidiger zu allen Zeiten benötigten: Zinnen und Schießscharten, wenn auch nur für Pfeil und Bogen. Selbst auf die Mauern der Ellipse konnte man nicht steigen, es sind keine Stufen, die emporführen, geschweige denn Mauervorsprünge vorhanden. Die große Ellipse taugte als Festungsanlage überhaupt nicht. Der einzige Eingang, der in ihr Inneres führt, war nicht mal gesichert. Die Ellipse als Bollwerk war schon deshalb überflüssig, weil über ihr auf den Felskuppen eine tatsächlich uneinnehmbare Burg stand.

Warum, um alles in der Welt, schleppten afrikanische Stämme hunderttausend Tonnen Steine hierher und türmten sie in zerkleinerten Brocken zu unverständlichen Bauwerken auf?

Mich ließ dieser widersinnige Turm und die nebenher verlaufende Mauer nicht mehr los. Erst als ich einen Plan von Simbabwe zeichnete, fiel mir eine eigenartige Parallele auf.

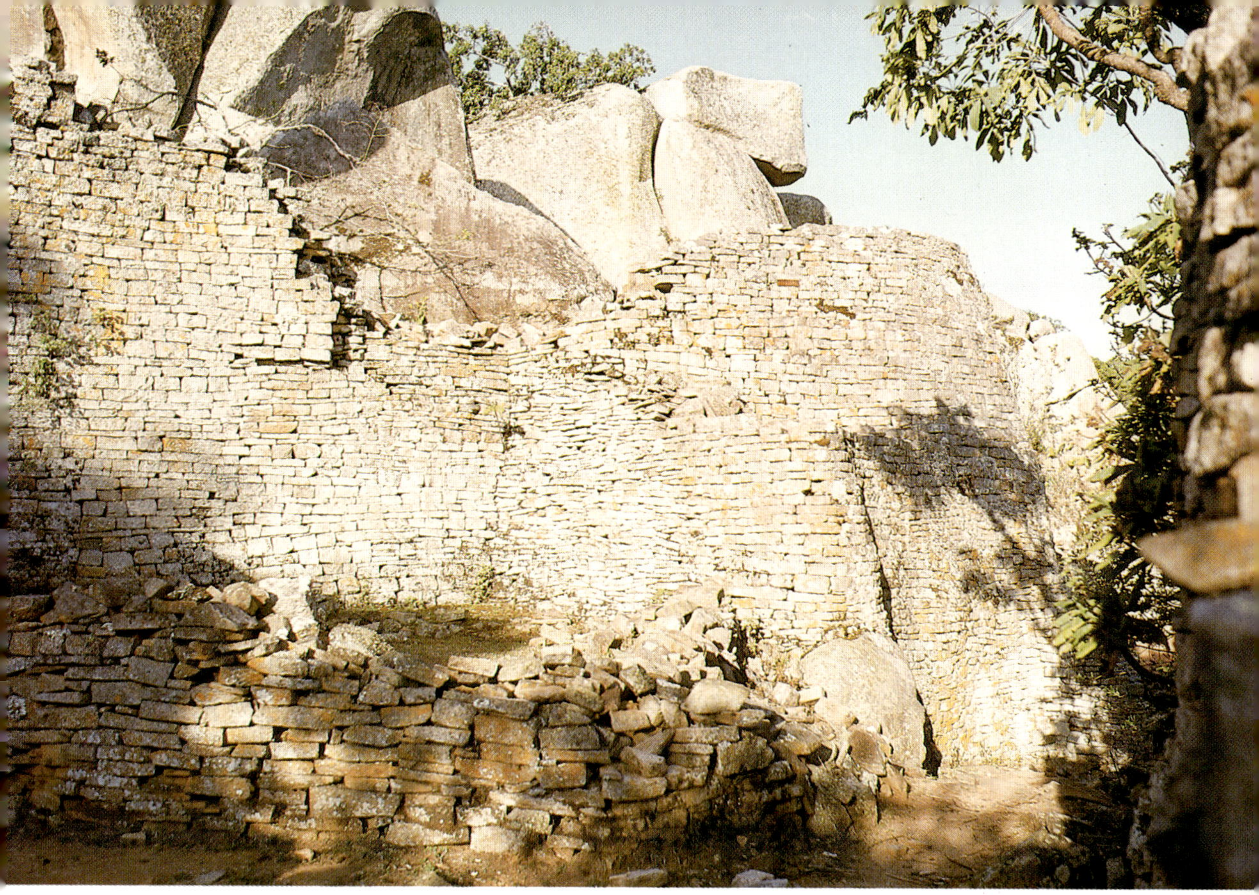

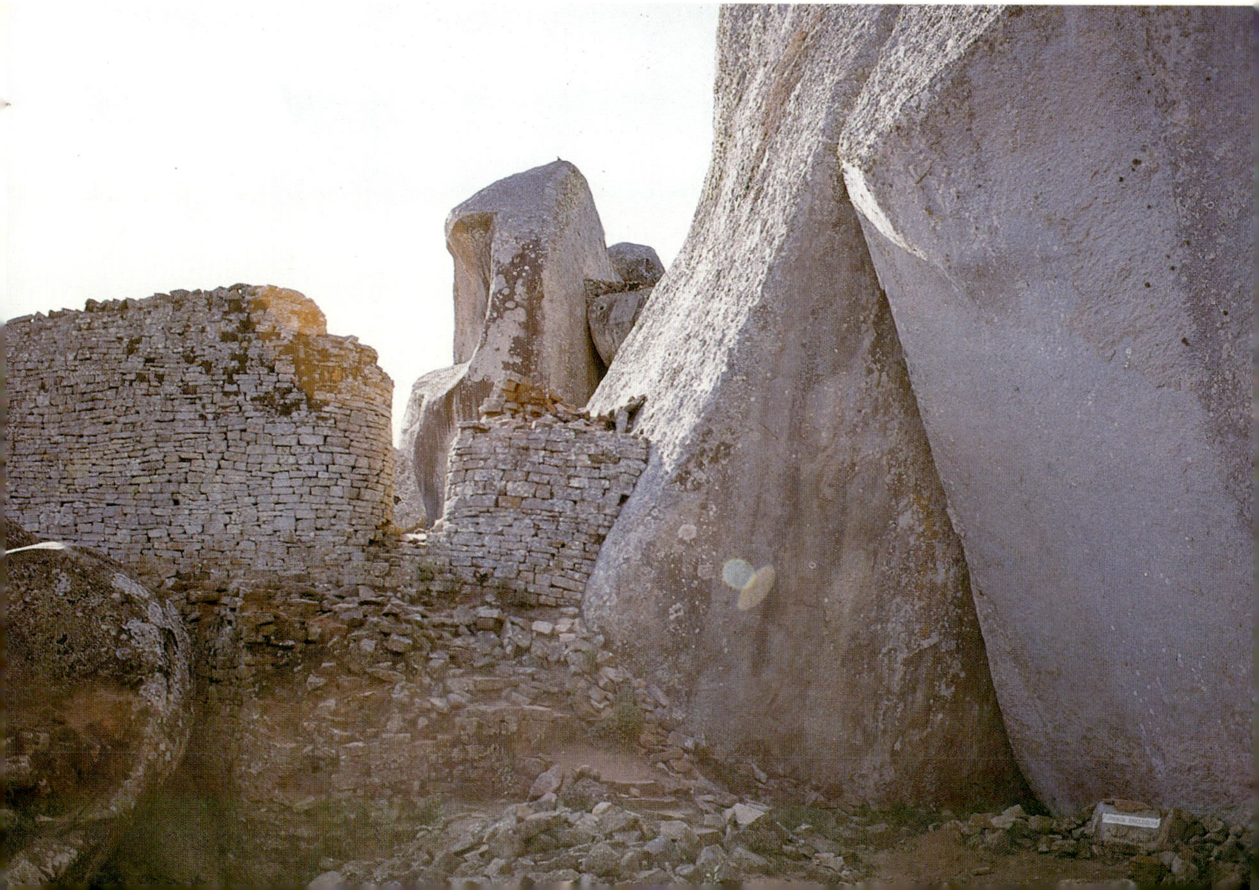

Nordwestlich von Simbabwe liegt die Republik Mali, und dort lebt der alte Stamm der Dogon. Dieser Stamm ist ethnologisch sehr gründlich studiert worden, vor allem von französischen Wissenschaftlern.[3, 4] Die Ethnologen hatten bald herausgefunden, daß die Dogon alle fünfzig Jahre ein ganz spezielles und pompöses Fest feierten, das sie als »Siguifeier« bezeichneten.

Aber weshalb nur jedes halbe Jahrhundert? Es gab ja schließlich Stammesangehörige, die nicht so alt wurden und somit nie in ihrem Leben zu einem Siguifest kamen.

Die Eingeborenen erläuterten den Ethnologen den Grund für ihren merkwürdigen Rhythmus.

Alle fünfzig Jahre, so sagten sie, durchwandere ein unsichtbarer Stern jenen hellen Stern dort oben, und sie deuteten auf den Sirius, für den sie selbstverständlich ein anderes Wort gebrauchten. Die Ethnologen stutzten. Wenn die Umlaufbahn eines *unsichtbaren* Sterns der Grund für das Fest der Dogon war, woher wollten sie denn wissen, daß es diesen Stern überhaupt gibt? Sie sagten ja selbst, daß er unsichtbar sei.

Die Dogon zeigten den Wissenschaftlern Felszeichnungen. Da war eine Ellipse eingraviert und an deren unterem Ende ein Punkt. Die

Dogon gaben zu verstehen, der Punkt markiere den unsichtbaren Stern, und dessen Umkreisung durch den Sirius werde in Form der Ellipse festgehalten. In dieser hatten die Dogon noch einige andere Punkte mit Zeichen versehen, die aussahen wie Pferdehufe. Das eine sei der »Planet Schuster«, ein anderes Zeichen symbolisiere den »Planeten der Frauen«. Zudem erklärten die Dogon den Ethnologen, dieser unsichtbare Stern sei sehr winzig – sie verglichen ihn mit dem allerkleinsten Getreidekorn, das in ihrer Region geerntet wurde. Trotz seiner minimalen Größe sei der unsichtbare Stern extrem schwer. Übrigens hätten sie ihr ganzes Wissen, so versicherten die Dogon, von einem Schöpfergott namens Nommo erhalten.

Eine eigenartige Geschichte. Da feiert ein Stamm in Mali alle fünfzig Jahre ein Fest wegen eines angeblichen Sterns, der um den Sirius kreisen soll und den in Wirklichkeit kein Dogon je gesehen hat. Gibt es diesen Stern?

Im Jahre 1834 fiel dem Astronomen Bessel auf, daß die Eigenbewegungen des Sirius unregelmäßig waren: Sie verliefen nicht geradlinig, sondern in einer Art Wellenform. Bessel vermutete, irgend etwas müsse die Bahn des Sirius beeinflussen. Die Astronomen nannten das unsichtbare Ding »Sirius B«.

Diesen entdeckte der amerikanische Astronom Clarke erst 1862. Es handelt sich um einen Winzling von einundvierzigtausend Kilometer Durchmesser, doch gleichzeitig hat Sirius B eine extrem große Dichte; er ist ein »Weißer Zwerg«. Trotz seiner Winzigkeit weist er die gleiche Masse auf wie unsere Sonne.

Wegen seiner ungeheuren Schwere wirkt Sirius B auf die Bahn des viel helleren Sirius A ein. Das ist der Grund für die Schwankungen der Bahndaten, auf die der Astronom Bessel gestoßen war.

Der Hauptstern des Systems, Sirius A, ist ein Stern erster Größe im Sternbild Großer Hund. Er ist achteinhalb Lichtjahre von unserem Sonnensystem entfernt und der hellste Stern am südlichen Himmel. Sirius B hingegen ist mit bloßem Auge nicht erkennbar und nur durch ein starkes Teleskop auszumachen. Wie kommt der Stamm der Dogon dazu, etwas von einem unsichtbaren Stern zu wissen? Denn sie können ihn nie und nimmer beobachtet haben.[5]

Sirius A umkreist den Weißen Zwerg Sirius B um einen gemeinsamen Schwerpunkt alle fünfzig Jahre einmal – und eben dann feiern die Dogon ihr Siguifest zu Ehren der abgeschlossenen Umlaufbahn.

Die Dogon sagten, ihr unsichtbarer Stern sei winzig und verglichen ihn mit dem winzigsten Getreidekorn. Gleichzeitig jedoch sei er extrem schwer.

Beides stimmt. Nur konnten die Dogon nichts davon wissen. Wir haben diese Daten erst in unserem Jahrhundert herausgefunden. Unsere

Gegenwartsastronomie weiß nicht, ob im Siriussystem überhaupt Planeten vorkommen. Die Dogon hingegen reden von einem »Planet Schuster« und einem »Planet der Frauen«. Und all das wollen sie von ihrem Gott namens Nommo erfahren haben.

In der Mythologie der Dogon stieg Nommo mit einem korbähnlichen Gerät aus den Wolken.[6] Dabei habe der Korb sich mit Donnern herniedergesenkt, Sand sei aufgewirbelt worden, die Heftigkeit des Aufpralls habe den Boden aufgerissen. Es war wie eine Flamme, die erlosch, sobald Nommo die Erde berührte. Schließlich, so die Dogonüberlieferung, sei eine zehnstufige Treppe zur Erde gefahren, und von der sechsten Stufe aus habe eine Tür zu den acht Kammern des Innenraums geführt.

Die Beschreibung paßt auf eine außerirdische Mannschaft. Doch weshalb sollen die Fremden aus dem All den Dogon Kenntnisse über das Sirius-Sternsystem vermittelt haben? Vermutlich genau deshalb, um spätere Generationen stutzig werden zu lassen.

War also die Ellipse von Simbabwe ein steingewordenes Modell des Sirius-Sternsystems? Symbolisierte der wuchtige Steinturm innerhalb der

*Schematischer
Plan der Ruinen
von Simbabwe im
Vergleich zum
Siriusmodell der
Dogon.*

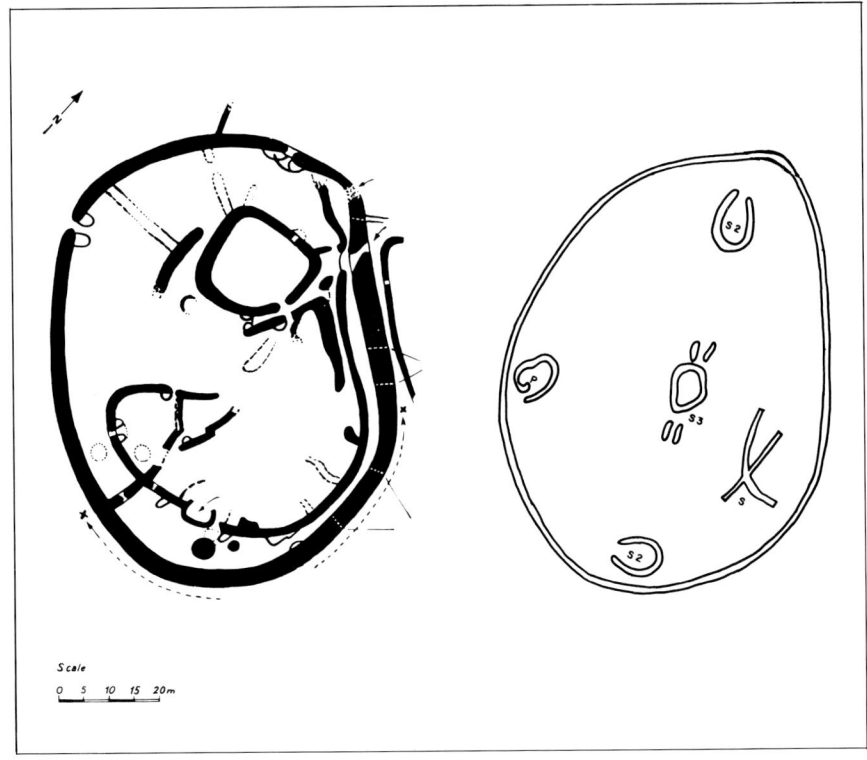

elliptischen Mauer nichts anderes als den schwergewichtigen Sirius B?
Zeigen die unerklärlichen Mauerreste auf der Fläche der großen Ellipse
die Positionen des »Planeten Schuster« und des »Planeten der Frauen«?
Markiert die Parallelmauer, die ein volles Drittel die Ellipsenmauer innen
begleitet, die Bahn eines anderen Planeten im Siriussystem?

Sicher ist, daß die Mauerellipse von Simbabwe keinem Verteidigungs-
zweck gedient haben kann. Auch der wuchtige konische Turm ohne
Eingänge und Stufen ergibt keinen vernünftigen Sinn. Das gleiche gilt für
die Parallelmauer sowie die anderen kleinen und elliptischen Mäuerchen
innerhalb der großen Ellipse.

Die acht Vogelskulpturen, die auf der »Akropolis« von Simbabwe
gefunden wurden, haben große Ähnlichkeit mit dem heiligen Falken des
ägyptischen Königs Horus, der anfänglich ein Himmelsgott war. Und
der älteste ägyptische Kalender wiederum war ein Siriuskalender! Auch
Isis, die Mutter des Horus, fungierte als Siriusgöttin.

Bis heute ist nicht bekannt, wann Simbabwe errichtet wurde. Die Ruinen
scheinen geschichtslos zu sein. Man weiß aber auch nicht, wann und
woher der Stamm der Dogon nach Mali kam. Haben ihre Vorfahren oder
ein abgesplitterter Stamm im Gebiet des heutigen Simbabwe ihren Sirius-
gott verehrt, wie es auf demselben Kontinent die Ägypter taten? Haben

sie das Siriusmodell in Stein verewigt, damit den Menschen der Zukunft dermaleinst ein Licht aufgeht? Es waren stets und überall Motive des Glaubens, welche die Menschen zu ungeheuerlichen Leistungen anspornten. Rings um den Erdball entstanden Megalithtempel und Pyramiden aus religiösem Impuls, die herrlichen arabischen Moscheen und christlichen Kathedralen machen da keinen Unterschied. Inka und Maya bauten ihre Stufenpyramiden und Tempel zum Ruhme der Himmlischen, und auch noch die Ärmsten der Armen trugen in aller Welt Schmuck und Edelsteine zur Ehre irgendwelcher Götter zusammen.

Außer der verblüffenden Übereinstimmung zwischen dem Siriusmodell der Dogon und der steingewordenen Parallele in Simbabwe habe ich nichts, mit dem ich meine gedanklichen Querverbindungen untermauern kann. Ich vermute, daß die schwarzen Erbauer von Simbabwe ihren Gott Nommo noch näher standen als die Dogon von Mali. Zum Gedenken an die Herkunft ihres Gottes aus seiner Sternenheimat erbauten sie ein Modell des Siriussystems. Sie unterzogen sich der gewaltigen Arbeit in religiöser Inbrunst, um ihre Hoffnung auf die Wiederkehr jener Lehrmeister auszudrücken. Oder wollten sie mit ihrem irdischen Abbild des Siriussystems dem Sternengott sogar signalisieren: Hier leben wir – hier warten wir auf dich?

Solange wir keinen vernünftigen Grund für die Anlage von Simbabwe kennen, solange wir nicht wissen, weshalb ein Volk eine widersinnige Ellipse aus Stein errichtet und dort hinein auch noch einen vollkommen nutzlosen und geschlossenen Turm pflanzt, solange wir nicht den blassesten Schimmer haben, was die Parallelmauer in Simbabwe bedeutet und wozu die anderen kleinen elliptischen Mäuerchen gut waren – solange dürfen frische Gedanken nicht abgeblockt werden.

Es ist stets die Phantasie, die Neues erdenkt und neue Lösungen möglich macht.

Bibliographie

1 Brion, Marcel: Die frühen Kulturen der Welt. Köln 1964.
2 Gayre, R.: The Origin of the Zimbawean Civilisation. Salisbury 1972.
3 Griaule, Marcel: Schwarze Genesis. Freiburg 1970.
4 Un système soudanais de Sirius. Aus: Journal de la Société des Africanistes: Tome XXI, Fascicule I. Paris 1951.
5 Temple, Robert K. G.: The Sirius Mystery. London 1976.
6 Bonin, W. F.: Die Götter Schwarzafrikas. Graz 1979.

5. Kapitel

Piktogramme und Petroglyphen

Grüße aus der Steinzeit – Petroglpyhen rund um die Welt – Der große Marsgott – Der Außerirdische an der Felswand – Besuch vor zwölftausend Jahren? – Die fliegenden Götter – Ein Vergleich mit der Himmelfahrt – ETs sind gestrandet – Das Lochstreifenband über Berg und Tal

Es gab eine Zeit, und sie liegt weit zurück, da beherrschten unsere Vorfahren die Schrift noch nicht. Damals, im Dunkel der Vorgeschichte, mußte sich der Mensch anderer Kommunikationsmittel bedienen. Da war zum einen die Sprache, doch sie galt nur für den Nachbarn, für die lebendige Generation. Wie sollte man – ohne die Aufzeichnung von Buchstaben, Wörtern und Sätzen – Mitteilungen an zukünftige Generationen hinterlassen?

Die steinzeitlichen Menschen hatten weltweit die gleiche Idee. Sie gingen daran, ihre Fels- und Höhlenwände mit Zeichnungen und Ritzungen zu verschönern.

Verblüffend ist eigentlich nur, daß unsere Vorfahren, kaum den Bäumen entstiegen, ihre Kunst gleich rund um den Erdball entwickelten. Felszeichnungen und -ritzungen wurden weltweit zelebriert von Völkern, die nichts voneinander wußten, nichts voneinander wissen konnten. Ob vom fernen Jemen, ob von Brasiliens Mato-Grosso-Dschungel, ob von den Küsten Südchiles, von Hawaii bis Zentralchina, von Sibirien bis Südafrika lassen Steinzeitmenschen in Bildern grüßen – Postkarten aus einer fernen Vergangenheit.[1–10] In den wenigsten Fällen kennen wir die Stämme, welche ihre Felsen bekritzelten, und so bekam denn manches Steinzeitvolk posthum einen Namen verpaßt – getauft von der Wissenschaft unserer Zeit.

Wie viele Felszeichnungen mag es weltweit geben? Es müssen Abermillionen sein. Selbst kleinere Inselchen und höchste Berge warten mit Petroglyphen – wie die Felsritzungen in der Fachsprache heißen – auf. Es gibt sie im eiszeitlichen Alaska wie an den glühenden Wänden des Kimberley-Plateaus in Australien.

Sicher sind die Unmengen von Felszeichnungen nicht zur gleichen Zeit entstanden, oft liegen gewaltige Zeitspannen dazwischen. In anderen

Vorhergehende Seite und rechts: Überall auf der Erde gibt es Felszeichnungen und -ritzungen. Und allenthalben tragen die »Götter« Heiligenscheine, helmartige Gebilde und Aufbauten. Hier der Reihe nach in Mexiko, Brasilien, Arizona, Val Camonica (Italien), auf dem Kimberley-Plateau (Australien) und in Algerien (Tassiligebirge).

Fällen wurden dieselben Felswände über Zeiträume von Jahrtausenden stets von neuem bearbeitet.

Nun ist es selbstverständlich, daß Steinzeitmenschen immer wieder Jagdszenen darstellten. Auch die Sonne, der Mond, Kreise, Strichmännchen und Handflächen gehören zum ganz normalen Alltagsbereich. Von dieser Art Felszeichnungen könnte ich Ihnen einige tausend präsentieren. Mein Archiv ist gut bestückt.

Kurios wird es erst, wenn bestimmte Formen mit den gleichen Attributen versehen werden, als ob eine Buschtrommel die Schwingungen über alle Kontinente getragen hätte: Die Götter sind stets mit Strahlen versehen. Ich habe einige dieser erstaunlichen Gestalten herausgefischt.

Im oberitalienischen Val Camonica, an der Schweizer Grenze unweit des Städtchens Capo di Ponte, sind die Felsen über Jahrtausende immer wieder von neuem bekritzelt worden – auch mit Figuren, die strahlende Köpfe haben. Es sei ein Tanz, der hier dargestellt werde, sagen die Fachleute. Mag sein, doch was für seltsame Gegenstände haben die Wesen in ihren Händen?

Rund vierzig Kilometer südlich der usbekischen Industriestadt Fergana wurde eine andere Strahlengestalt gefunden. Und achtzehn Kilometer westlich von Navoi, einer Stadt in Rußland, kamen beeindruckende Felsritzungen mit strahlenden Figuren zum Vorschein. Dabei fällt in Navoi auf, daß die Strahlengestalt über allem thront und die Figuren in der Nähe so etwas wie eine Maske vor der Nase tragen. Der kniende Mensch rechts unten scheint weit genug entfernt – er benötigt keinen Atemschutz mehr.

Australien liegt weit weg von den anderen Kontinenten, und in vorgeschichtlichen Zeiten hatten die Ureinwohner Australiens, die Aborigines, sicherlich keinen Kontakt mit dem Rest der Welt. Dennoch entstanden auf dem fünften Kontinent, vorwiegend im Kimberley-Plateau im Nordwesten, ganze Gemäldegalerien der Ureinwohner. Die Motive wiederholen sich: Götter mit gleißenden Gesichtern, mit Strahlenkränzen um die Häupter, ja sogar in Anzügen steckend, grüßen von den australischen Felswänden.

Carl Gustav Jung oder Sigmund Freud hätten für das Rätsel vielleicht das gemeinsame Unterbewußtsein, die kollektive Vision oder meinetwegen die Tiefe der Psyche bemüht. Mir scheint, alle diese weit voneinander entfernten Stämme haben das gleiche gesehen, das gleiche bewundert – und sich davor gefürchtet.

Einen besonderen Anschauungsunterricht verdanke ich einem Bild, das Wolfgang Weizel in Namibia fotografierte. Zwei Zentralgestalten schei-

Diese Felszeichnung aus Navoij (Rußland) zeigt ein besonderes Merkmal. Alle Gestalten in der Nähe der Strahlenfigur haben Masken vor der Nase. Die weiter entfernte Gestalt unten links scheint das Gerät nicht mehr zu brauchen.

nen im Lotussitz zu verharren, eine dritte Figur links kniet am Boden. Doch was ist das eigentlich für ein spinnenähnliches Gebilde rechts in der Bildmitte? Wollten die Ureinwohner ein technisches Gerät darstellen, das sie nicht begriffen?

Wer weiß schon, daß selbst die alten Ägypter ihre Götter auf Felswänden verewigten? Nördlich von Assuan erhebt sich die kleine Insel Sehel aus dem Nil. Mächtige Gesteinsbrocken liegen kunterbunt durcheinander, ganze Felspartien sind abgesplittert. Diese Felstrümmer sind übersät mit ägyptischen Gottheiten und Hieroglyphen, insgesamt über sechshundert Darstellungen.

Über das Alter streiten sich die Gelehrten. Unbestritten sind viele der oberägyptischen Felsritzungen erst im zweiten nachchristlichen Jahrhundert entstanden, doch gibt es andere darunter, die auf das Jahr 2000 vor unserer Zeitrechnung datiert werden. Trauten die ägyptischen Künstler ihren Tempeln nicht? Wollten sie sichergehen und ihre Götter auch gleich im Fels der Nachwelt präsentieren?

Geradezu naturalistisch muten einige der sehr großen Felszeichnungen in der algerischen Sahara an. Dort, im Tassili-Massiv der Adjer, wurden unter Aberhunderten von Petroglyphen auch solche entdeckt, die eigentlich keiner Beschreibung bedürfen. Zuerst erkennt man plumpe Köpfe, dann aufgedunsene Anzüge. Weil die Felsbilder sehr schlecht zu fotografieren sind, haben wir sie mit Wasser benetzt, damit die Konturen sichtbar werden. Schließlich haben wir die Konturen nachgezeichnet, ohne irgendeinen zusätzlichen Strich anzubringen.

Was uns hier von den Felswänden entgegenstarrt, wird von den Archäologen als »die Epoche der Rundköpfe« bezeichnet. Die größte Figur mißt acht Meter. Ihr Entdecker, der französische Prähistoriker Henri Lhote, bezeichnete sie spontan als »der große Marsgott«.[11]

Was nur ging in den fellbekleideten oder nackten Steinzeitmenschen vor, die etwas Derartiges der Nachwelt zeigen wollten? Was hat sie so ungeheuer beeindruckt, daß die Figur gleich acht Meter hoch geriet und alles überragte? Was haben sie gesehen, was haben sie verehrt? Die Antwort sticht ins Auge!

Das nächste Bild gebe ich mit Vorbehalt weiter.[12] Man erkennt sofort, daß es sich um eine Zeichnung und nicht um ein Original im Felsen handelt. Die Darstellung erhielt ich vor einigen Jahren von dem russischen Philologen Dr. Wjatscheslaw Saizew. Er sagte, diese phantastische Felsmalerei sei in den Alaibergen südlich der Stadt Fergana gefunden worden. Das Alaigebirge erstreckt sich längs der westlichen Ausläufer des Himalaja, die Stadt Fergana selbst liegt im gleichnamigen Becken zwischen den kirgisischen Bergen im Norden und dem Alaigebirge im Süden. Saizew selbst hatte das Bild von einem russischen Forscher bekommen.

Ich schaffte es bis heute nicht, zum Ort dieser einzigartigen Felszeichnung zu gelangen. Sollte sie sich als echt erweisen, könnte ich die Spurensuche nach den All-Mächtigen aufgeben. Dieser Fall würde alles klarmachen.

Elektrisiert hat mich eigentlich nur die seltsame Scheibe mit den Rillen, welche die beflügelte und behelmte Figur in den Händen hält. Ich weiß nämlich, daß bereits im Jahre 1938 ähnliche Steinteller mit undefinierbaren Schriftzeichen entdeckt wurden. Dies geschah allerdings zweitausend Kilometer von Fergana entfernt in der Bergregion von Baian-Kara-Ula in China. (Auch Payenk-Ara-Ulaa oder Bayan Har Shan genannt. Im selben Gebirgsmassiv entspringen die Flüsse Yangtze und Yalung.)[13] Auch behauptet eine lokale Legende, hier seien vor zwölftausend Jahren Wesen vom Himmel gestiegen, welche die Erde nicht mehr verlassen konnten. Sie seien kleiner gewesen als die Menschen und deshalb von diesen gejagt und getötet worden.

Von den Hopiindianern wissen wir, daß ihre Petroglyphen Markierungen waren.[14] Mehrere Bruderstämme hatten sich jeweils getrennt, um andere Jagdgründe aufzusuchen. Später kehrten sie an die ursprünglichen

Plätze zurück und fanden an den Felswänden die Mitteilungen mit gutem und schlechtem Inhalt. Die Felszeichnungen hatten für die damaligen Indianer einen ähnlichen Wert wie heutzutage die Wandzeitungen in China.

Und – erstaunlich genug – unsere gegenwärtige Zivilisation scheint auf die Vereinfachung der Felsritzung zurückzugreifen. Sie werden zwar nicht mehr wildem Gestein anvertraut, vielmehr in Stadien, Hallenbädern, Bahnhöfen und Einkaufszentren angebracht. Man nennt sie Piktogramme, und die machen es sogar dem Analphabeten möglich, fremde Länder zu besuchen. Die Piktogramme sind längst zu zuverlässigen Fremdenführern geworden. Sie sind mehr als einfache Hinweisschilder, denn aus ihrer Abfolge lassen sich ganze Sätze bilden. Zum Hallenbad geht's dort lang, und diese und jene Sportarten können dort betrieben werden. Das Telefon befindet sich im ersten Stock, die Toilette gleich daneben, doch zur Sauna geht's mit dem Lift in den Keller. Alle Flughäfen sind mit Piktogrammen bestückt, jedes Kind kennt das Zeichen für Abflug oder Ankunft, für die Paßkontrolle oder den Schalter zum Geldwechseln.

War es vor Jahrtausenden ähnlich? Gab es bestimmte Piktogramme, bestimmte Zeichen, die auf allen Kontinenten gleich verstanden wurden?

Waren diejenigen mit den Heiligenscheinen und den Strahlen um die Köpfe stets die Götter? Wenn ja, welche Götter?

Jahrtausende nach der Felsbildkunst existierten die alten Überlieferungen immer noch. Der Mensch konnte sie nicht vergessen, weil ihn die Felsbilder stets daran erinnerten. Zwar begriff man längst nicht mehr, welche Götter aus dem Himmel zur Erde hierniedergekommen waren. Aber man wußte, die Götter waren die Unsterblichen und diejenigen, die fliegen konnten. Und wollte nicht jeder Herrscher unsterblich sein? Wünschte er nicht, über den Menschen zu schweben, sie stets zu beobachten, überall eingreifen zu können? Mich wundert nicht, daß stets dort, wo sich die ersten Großkulturen herauskristallisierten, auch am meisten fliegende Götter zu finden sind.

In Ägypten versah man die Sonne mit Flügeln. Doch die geflügelte Sonnenscheibe, anzutreffen über vielen Portalen ägyptischer Tempel, gab's auch im alten Babylon und noch früher bei den Sumerern. Bald ließen sich auch die Gottkönige solchermaßen verewigen, man findet sie heute in jedem größeren Museum der Welt. Nun glaubt keiner von uns ernsthaft, die alten Könige wären tatsächlich imstande gewesen, zu fliegen. Sie konnten es gewiß nicht – doch mit Flügeln wurden sie dargestellt. Sie versahen sich mit dem Attribut des Fliegens, weil sie aus der Überlieferung wußten, daß Götter nun mal dazu fähig waren. Die Christen haben diese fliegenden Gestalten zu Engelchen gemacht. Der Engel – der Angelos – fungierte als Bote, als Vermittler zwischen der Welt der Götter und den Menschen. Und auch die Helme – pardon, die Heiligenscheine! – jener unantastbaren Wesen haben wir in der bildlichen Darstellung aus dem Altertum gleich mit übernommen.

In jener undatierbaren Zeit gab es auch Menschen, denen das Privileg zuteil wurde, von den Göttern hinaufgenommen zu werden. Wie selektiv und einseitig wir an derartige Überlieferungen gehen, zeigt folgendes Beispiel:[15]

In den Mythen des tibetischen Buddhismus kommt ein Prophet vor, den man auch »den großen Lehrer« nennt. Als seine Zeit um war, erschienen am Himmel eine Wolke und ein Regenbogen mit einem Pferd aus Silber und Gold mittendrin. Alle Welt konnte beobachten, wie der große Lehrer mit dem Pferd von der Erde abhob. Während seine Schüler dem fliegenden Pferd nachblickten, war es bald nur noch so groß wie ein Rabe, kurz darauf wie eine Drossel, wiederum wenig später glich es einer Fliege, und schließlich war es unklar und winzig wie ein Läuseei. Zuletzt aber konnten die Menschen das Pferd nicht mehr sehen.

Im zweiten Buch der Könige im Alten Testament entschwebt der Prophet Elias auf einem feurigen Wagen, der von feurigen Pferden gezogen wird. So fuhr Elias im Wetter gegen den Himmel, lautet die Überlieferung. Unten auf der Erde stand sein Sohn Elisa, und der schrie: »Mein

Vater, mein Vater!« . . . Dann sah er ihn nicht mehr. Elisa hob den Mantel auf, der seinem Vater entfallen war, und trat an die Gestade des Jordan.

Abermillionen von Gläubigen nehmen die Himmelfahrt des Elias auf dem feurigen Wagen für bare Münze – schließlich steht es in der Bibel. Den sinnverwandten tibetischen Mythos hingegen lehnen wir ab. So ist das mit unserer Logik.

Ich kenne Überlieferungen aus heiligen und weniger heiligen Büchern, in denen ganze Mannschaften aus den Wolken herniederstiegen. Darunter gibt es Beispiele, in denen sich die außerirdischen Gesellen ungebührlich verhielten. Ja, sogar regelrechte Meutereien sind in den alten Texten festgehalten – beispielsweise im apokryphischen Text des Buches Henoch.[16]

Wie verhält sich eigentlich eine außerirdische Crew auf der Erde, die über keinerlei technische Geräte mehr verfügt? Deren Mitglieder keinen Funkverkehr mit ihrem Mutterraumschiff haben und – wie es in unserer Sprache heißt – ganz schön aufgeschmissen sind? Oder wie sollten gestrandete Raumfahrer ohne technische Apparaturen eine Verständigung zu ihren Kameraden im Weltall herstellen?

Etwas ist ihnen auf jeden Fall geblieben: ihr Wissen. Sie könnten beispielsweise Heißluftballone konstruieren, sie wissen ja, wie's funktioniert. Oder sie könnten auf der Erde riesige Zeichen auslegen, pythagoreische Dreiecke etwa oder verschiedenfarbige Kreise, die vom Weltraum aus auffallen müßten. Doch es gibt noch eine ganz andere Art der Kommunikationsmöglichkeit. Hier ein Vorschlag.[17]

Südlich von Lima, der peruanischen Hauptstadt, hinunter Richtung Ebene von Nazca, liegt das Piscotal. Kurz hinter dem Dörfchen Humay zieht sich ein kilometerlanges, seltsames Band von dunklen Löchern über die Hügel. Betrachtet man das Band aus großer Höhe, glaubt man, die Spuren eines gigantischen Raupenfahrzeugs zu erkennen. Doch das war es nicht, wie sich bei einer Besichtigung vor Ort herausstellte. Die eigenartigen Löcher, die auf der krummen Spur den steilen Hang hinaufziehen, sind allesamt von Menschenhand geschaffen, nie ist ein Fahrzeug hier hinaufgekrochen. Indios haben den Berghang mit diesen runden Löchern vermauert, als ob es eine Art Schützengraben wäre.

Doch auch dieser Gedanke sticht nicht. Denn erstens hätten die hinteren Schützen den vorderen im Weg gestanden, und zweitens liegt gleich der nächste Hang höher als derjenige mit den Löchern. Ein potentieller Feind hätte das Lochstreifenband von allen Seiten unter Feuer nehmen und überrennen können.

Wozu dann aber Lochstreifen über Berg und Tal?

Uns ist aufgefallen, daß immer acht Löcher eine Linie bilden. In der modernen Computersprache würde man sagen, es sind acht Bit, wobei

Linke Seite:
Die geflügelte Sonnenscheibe ist ein häufiges Symbol im alten Ägypten.

ein Bit einer Schalteinheit entspricht oder die acht zusammen ein Byte ergeben. Mit diesem Wert läßt sich die Zahl 176 ausdrücken.

Der binäre Code ist die Grundlage aller Computer. Man rechnet nur mit eins oder null, ja oder nein, richtig oder falsch, und mit den binären Kombinationen lassen sich alle Zahlen oder Botschaften zusammenstellen.

Nehmen wir an, die gestrandete Raumfahrercrew möchte eine binäre Botschaft in den Orbit schicken. Eine Botschaft allerdings, die nicht fest verankert war wie ein Dreieck oder ein Kreis, sondern eine Mitteilung, die sich ständig erweitern ließ.

Die Sache ist einfach: Man veranlaßt die hier ansässigen Indios, acht Löcher in einer Reihe zu buddeln. Nach der ersten Reihe folgen gleich nochmals acht und so weiter. So entsteht ein schnurgerades Lochstreifenband.

Ursprünglich wird sich das Band wohl gerade den Berghang hinaufgezogen haben und nicht in der gekrümmten Form, wie es sich heute präsentiert. Tektonische Einwirkungen wie die beiden Bergbäche rechts und links dürften den Hang unterspült und die ehedem gerade Linie zu einem gekrümmten Wurm verändert haben.

Dann kommandiert man in jedes Loch einen Indio, der mit einem vermutlich weißen Tuch ausgestattet war. Auf entsprechende Komman-

Linke Seite und oben links: Das »Lochstreifenband« im Piscotal von Peru windet sich den Berghang hinauf.

Oben rechts: Am Boden entpuppt sich das Band als Löcher mit kleinen Mäuerchen ringsum. Acht Löcher bilden stets eine Reihe.

81

Auf diese Weise
könnte eine ge-
strandete Welt-
raumcrew ganze
Botschaften in den
Orbit signa-
lisieren.

dos decken die einen Indios ihr Loch ab, es wird hell, die anderen lassen es dunkel. Derartige Rhythmen können einstudiert werden, und sie lassen sich laufend variieren. Bei der Eröffnung von Massenereignissen, wie etwa Olympischen Spielen, entstehen auf die gleiche Weise farbenprächtige Bilder. In unserem Beispiel würde die Übermittlung zur Orbitalstation lauten: ET phone home.

Man kann also mit einem simplen Lochstreifenband alle Arten von Botschaften ins All signalisieren, ohne Sendegerät und ohne elektrische Energie. Die gestrandete Mannschaft wird vermutlich gewußt haben, an welchem geostationären Punkt des Firmaments ihr Mutterraumschiff stand oder zu welchen Zeiten ein Beobachtungssatellit über das heutige Tal von Pisco in Peru kurvte.

Das Gehirn enthält das Wissen, dieses wird umgesetzt in einen Steinzeitcomputer, der ganz bestimmte Hell- und Dunkelsignale in den Orbit schickt. Die Elektronik empfängt's und übersetzt es.

Zurück bleibt ein Lochstreifenband in einem einsamen peruanischen Tal, das sich heute noch den Steilhang hinaufschlängelt und für dessen Existenz es bislang nicht mal den Hauch einer Lösung gab.

Man mag über meinen Vorschlag lächeln – doch sollte man bedenken, daß die Phantasie immer noch der Angelpunkt aller Möglichkeiten ist.

Bibliographie

1 Tobisch, Oswald, O.: Kult – Symbol – Schrift. Baden-Baden 1963.
2 Pager, Harald: Ndedema. Graz 1971.
3 Weber, Gertrud, und Strecker, Matthias: Petroglyphen der Finca Las Palmas. Graz 1980.
4 Muvaffak, Uyanik: Petroglyphs of South-Eastern Anatolia. Graz 1974.
5 Nowak, Herbert, und Ortner, Sigrid & Dieter: Felsbilder der Spanischen Sahara. Graz 1975.
6 Weaver, Donald E.: Images on Stone – The Prehistoric Rock Art on the Colorado Plateau. Flagstaff 1986.
7 Ohne Namen: Zwischen Grandhara und den Seidenstraßen – Felsbilder am Karakorum Highway. Mainz 1985.
8 Cox Halley, J.: Hawaiian Petroglyphs. Honolulu 1970.
9 Biedermann, Hans: Bildsymbole der Vorzeit. Graz 1977.
10 Priuli, Ausilio: Felszeichnungen in den Alpen. Zürich 1984.
11 Lhote, Henri: Die Felsbilder der Sahara. Würzburg 1963.
12 Waxmann, Siegfried: Unsere Lehrmeister aus dem Kosmos. Ebersbach/Fils 1982.
13 Krassa, Peter: …und kamen auf feurigen Drachen. Wien 1984.
14 Däniken, Erich von: Der Tag, an dem die Götter kamen. München 1984.
15 Grünwedel, Albert: Mythologie des Buddhismus in Tibet und in der Mongolei. Leipzig 1900.
16 Kautzsch, Emil: Die Apokryphen und Pseudoepigraphen des Alten Testaments, Bd. 1 und 2. Tübingen 1900.
17 Däniken, Erich von: Reise nach Kiribati. Düsseldorf 1981.

6. Kapitel

Graffitimonster

Rechte Seite:
Diese drei Meter
hohe Gestalt mit
den Draculazäh-
nen und dem
Kleinkind (Kopf
nach unten) in den
Händen trägt den
schmeichelhaften
Namen »Der
Bischof«.

Statuen im Urwald – Menschenfresser mit Draculazähnen – Dolmen in Kolumbien – Die »Quelle der Fußwaschung« – Rätselhafte Tempel in den Anden – Skulpturen ohne Geschichte – Der Tello-Obelisk – Die Raimondi-Stele – Ein antiker Sechszylindermotor – Woher stammt die Technologie?

Im Jahre 1758 berichtete der spanische Mönch Juan de Santa über geheimnisvolle Steinskulpturen, die im Tal von San Agustín von den Indianern verehrt würden.

San Agustín liegt rund fünfhundert Kilometer von Bogotá, der Hauptstadt Kolumbiens entfernt. Das Indianerdörfchen wäre ohne seine seltsamen Statuen wohl auf keiner Landkarte zu finden. Von dem unscheinbaren Nest ist es nicht weit bis zu dem Hauptfluß Kolumbiens, dem Magdalenenstrom.

Doch Mitte des letzten Jahrhunderts kam der italienische General Codazzi in den Urwald von San Agustín. Er skizzierte einige Statuen und versuchte daraus schlau zu werden – er schaffte es nicht. Und zu Beginn unseres Jahrhunderts reiste sogar der Heidelberger Professor Karl Stöpel ins Hochland von Kolumbien und fertigte als erster einige Gipsabdrücke an.[1] Auch entdeckte Stöpel unterirdische Gänge, welche die Tempel untereinander verbanden. Heute allerdings ist darüber nichts mehr bekannt.

Schließlich kreuzte im Jahre 1912 der Ethnologe Theodor K. Preuß in San Agustín auf.[2] Er vermaß die Statuen und öffnete mehrere Grüfte, von denen er annahm, daß sie Gräber seien. Zu seiner eigenen Verblüffung entdeckte er nicht die geringste Spur irgendeines Skeletts. Preuß meinte resigniert, die Gebeine müßten wohl vollständig zu Staub zerfallen sein.

Die roboterhaften Statuen auf der Osterinsel wirken mit ihren einfältigen, sturen Blicken geradezu wie ein langweiliges Panoptikum gegen den Ideenreichtum von San Agustín. Bis heute sind dreihundertachtundzwanzig Monumente registriert – und jedes schaut anders aus als die anderen. San Agustín präsentiert sich als dämonische Götzenparade. Das einzige, was die Skulpturen in vielen Fällen gemeinsam haben, sind ihre über die Lippen hinausragende Draculazähne. Auch findet man immer

Oben:
Dolmen mit Sta-
tuen als Säulen.
Niemand kennt
die Bedeutung der
Gesichter.

Mitte:
Die Figur scheint
eine Brille und
Kopfhörer zu tra-
gen und in der
rechten Hand so
etwas wie ein
Schreibgerät zu
halten.

Unten:
Im Vordergrund
ein Greifvogel mit
einer Schlange im
Schnabel. Der
Grabhügel dahin-
ter wird von ins-
gesamt dreißig
Statuen bewacht.

wieder Statuen, die unweigerlich an Menschenfresser erinnern. Die grausigen Gestalten halten nämlich mit beiden Händen Kleinkinder mit den Köpfen nach unten vor der Brust, als ob sie die armen Winzlinge gleich zwischen ihren Hauern zermalmen würden.

Dann wieder erscheinen Kreaturen im Blickfeld mit einer Art Kopfhörer über den Ohren. Ihre Kulleraugen schauen ins Leere, in der Hand haben sie entweder ein Messer oder einen Schreibgriffel.

Eine andere, mandeläugige Figur führt ein embryonales Etwas zum Mund. Breite Nasen und die widerlichen Reißzähne scheinen in San Agustín irgendeinem Vorbild nachempfunden worden zu sein.

Schließlich zieht ein vier Meter hohes Standbild die Aufmerksamkeit auf sich, das heute die Bezeichnung »Der Bischof« trägt. Das menschliche Gesicht mit seinen traurigen Augen mag zwar Respekt einflößen, doch selbst nach längerem Grübeln ist mir unerfindlich geblieben, was den Namen des Steinmonsters rechtfertigen könnte. Auch der »Bischof« würgt in den Händen ein Kleinkind, dessen Kopf und Hände abwärts baumeln. Stellt man sich so einen Kirchenfürsten vor?

Zehn Meter hinter dem Würdenträger guckt ein dreiäugiger Schädel aus dem Gras. Riesenaugen, Riesennase, Riesenmaul und Riesenreißzähne runden das unsympathische Bild ab. Wenige Meter dahinter lauert ein adlerähnlicher Vogel. Er schmatzt an einer Schlange, die sich artig um den vollgefressenen Bauch ringelt.

Ja, und unweit dieses Adlerstandbilds liegt ein ansehnlicher Grabhügel mit über dreißig Monolithen. Das Zentrum bildet ein Dolmen, wie er auch in der französischen Bretagne stehen könnte. Je zwei Figuren und Menhire stützen die Steinplatte des Dachs. Die beiden Grabwächter tragen Keulen oder Beile in den Händen, sind behelmt, und über ihren Köpfen schweben Gesichter, die aus den Wolken zu kommen scheinen.

Es gibt in San Agustín mehrere dieser massiven Dolmen. Sie bestehen aus Granit, von dem man übrigens nicht weiß, woher er stammt. In der Umgebung von San Agustín gibt es nämlich keinen. Jedoch sind nicht alle Statuen und Gesteinsplatten aus Granit, es gibt auch solche aus Vulkangestein und Sandstein.

Oft liegen unter den Dolmen Sarkophage aus einem einzigen Felsblock. Sie sehen aus wie überdimensionierte Badewannen. Manchmal liegen darin Steinfiguren, welche die Leichname irgendwelcher Herrscher symbolisieren sollen. Doch dies ist auch nur eine Annahme, denn ursprünglich waren die steinernen Becken leer.

Die ältesten Figuren von San Agustín werden inzwischen auf 800 vor Christus zurückdatiert.[3] Auf dem Scheitel eines künstlich planierten Hügels stehen zwei Gestalten, die »el doble Yo«, »das doppelte Ich«, heißen. Eine der Skulpturen hat beide Arme angewinkelt und die Hände vor der Brust verschränkt. Aus grimmigem Gesicht fletschen vier bösartige Reißzähne unter breiter Nase. Und aus den tiefen Augenhöhlen

Oben:
Dieses Monstrum heißt »el doble Yo«, »das doppelte Ich«. Das zweite Wesen wird im »Rucksack« mitgetragen.

Mitte:
Der Sarkophag gleicht einer Badewanne und wurde aus einem Stück geschlagen. Er war bei seiner Entdeckung allerdings leer.

Unten:
In San Agustín fand man mehrere Großdolmen und Monolithen im Boden. Zwischen verschiedenen Dolmen bestand einst eine unterirdische Verbindung.

starren stechende Blicke weit hinunter ins Tal. Der Kopf wird von einem engen Helm umschlossen. Gleich einem Rucksack hängt eine zweite Figur über dem ersten Scheusal, die von den Archäologen als Jaguar definiert wird. Trotz meiner Phantasie habe ich größte Mühe, diese Erkenntnis nachzuvollziehen.

Schließlich gibt es hier oben sogar abstrakt modellierte Figuren mit Schlitzaugen und den obligatorischen Draculazähnen.

Die Steinmetzen, die hier meißelten, verstanden eine Menge von darstellender Kunst; sie beherrschten ihr Handwerk perfekt. Überall in San Agustín kommt dies deutlich zum Vorschein. Sie markierten feine Unterschiede zwischen Menschen und menschenähnlichen Wesen – eben jenen mit den monströsen Draculazähnen.

Es ist allgemein bekannt, daß sich die Naturvölker für ihre rituellen Tänze in Felle von Tieren hüllten. Sie glaubten, damit deren Kraft und Eigenschaften zu übernehmen. Liegt in dieser psychologischen Erklärung das Rätsel für die unverstandenen Figuren von San Agustín?

Ärgerlicherweise gibt es San Agustín aber keine Skulpturen mit Tierfellen. Sie tragen nicht einmal Tiermasken, dafür sehr oft Helme.

Die verwirrende Ornamentik zeigt verschiedene Gesichter, bei den Gestalten des »doppelten Ich« lassen sich sogar drei Gesichter ausmachen. Da keine Patentlösungen für die skurrilen Figuren vorliegen, kann ich zwei, drei Vorschläge anbringen.[4]

Vielleicht meinten die Steinmetzen mit ihren Mehrfachfiguren, erst aus der Einheit von zwei Wesen würde ein drittes entstehen, oder sie versahen ihr Werk mit einer Mahnung: Mensch, sei wachsam! Achte auf das, was sich hinter dir ereignet. Oder – dritte Variante – sie beobachteten einst fremde Wesen, die ihnen furchteinflößend vorkamen und eine Art »Rucksack« auf dem Rücken trugen. Der Rest wäre dann Überlieferung und mißverstandene Technologie. Alles schon dagewesen!

San Agustín hat noch eine andere Kuriosität zu bieten: die sogenannte »Quelle der Fußwaschung«.

Auf etwa dreihundert Quadratmeter Fläche zieht sich über den abgeflachten bräunlichen Felsen ein kompliziertes Netz von Kanälen unterschiedlicher Breite. Da gibt es schmale Rinnen und Vertiefungen, die sich wie Schlangen durchs Gestein ringeln, dann kleinere und größere Becken, Rechtecke und Rondelle. Zwischen den vier Hauptbecken zählte ich über dreißig eigenartige Gravuren und Rinnsale. Die Kanäle sind labyrinthartig, es fließt und tropft von einem Kanal in den andern, ein wirres Spiel fließenden Wassers.

Was sollte das sein? Die Fachleute sprechen von einer heiligen Quelle der Fußwaschung, andere sehen einen Opferstein, wobei das Blut durch die verschiedenen Kanäle in größere Becken geflossen sei.

Gut möglich, daß alle Erklärungsversuche in die Leere gehen. Viel-

leicht war das unübersichtliche Gewirr von Rinnsalen und Becken in unterschiedlicher Höhe einst eine Metallreinigungsanlage: Flüssigheißes Metall ergoß sich von Becken zu Becken, die schweren Teile sanken auf den Grund, die leichteren wurden weitertransportiert, unreine Bestandteile und Schlacken blieben in den Rondellen und Schlangenrinnen hängen.

Ich kann nicht beurteilen, ob mein Vorschlag vernünftig ist, nur weiß ich, daß alle bisherigen Deutungen auch nicht besser sind. Wir leben ohnehin in einer Zeit, in der die Menschen zu einer Einheitssoße verrührt werden. Spekulationen über das Mögliche, über das Denkbare werden abgewürgt. Man tut dauernd so, als ob die Lehrmeinungen von sicherlich vernünftigen Leuten der Weisheit letzter Schluß seien. Und die wenigsten von uns merken, daß es sich lediglich um eine andere Ansicht, eine andere Auslegung handelt, die genausowenig bewiesen ist wie die Definition eines Kontrahenten.

Was für San Agustín im Hochland von Kolumbien gilt, trifft noch mehr auf das Rätsel von Chavin de Huántar in den hohen Anden von Peru zu.

Um nach Chavin de Huántar zu gelangen, muß man zuerst den 4178 Meter hohen Kahuishpaß überqueren. Während in unseren Breitengraden auf über viertausend Meter Höhe die Gletscher regieren, läßt sich der

Kahuishpaß mit einem gutbereiften Geländefahrzeug meistern. Peru liegt näher am Äquator als Zentraleuropa. Auf der anderen Paßseite windet sich eine enge Straße wie eine endlose Schlange an den Berghängen entlang. Beim Dörfchen Machac auf 3180 Meter stößt man auf die Ruinen von Chavin de Huántar. Niemand kennt die Bauherren, niemand weiß Verbindliches über den Zweck der Anlage zu sagen.

Der am besten erhaltene Teil des Komplexes heißt »El Castillo«, »das Schloß«, obschon es nie etwas Derartiges gewesen ist. Es handelt sich um ein rechteckiges Gebäude von dreiundsiebzig Meter Länge und siebzig Meter Breite. Große Granitblöcke, millimetergenau eingepaßt, bilden die rechtwinklige Außenwand. Je höher sich das leicht nach innen geneigte Gebäude erhebt, desto deutlicher treten die Verwüstungen zutage.

Das Hauptportal dieses Bauwerks ist kompaßgenau nach Osten ausgerichtet. Ein Monolith von neun Meter Länge ruht auf zwei Säulen, die rechts und links von Granitplatten flankiert werden. Diese waren einst mit feinen Ziselierungen versehen; inzwischen haben Wind und Wetter sie ausgewaschen, und leider hämmerten auch Menschen an den filigranen Kunstwerken herum. Als sich der Bau noch in seiner ganzen Pracht präsentierte, muß er wie ein fugenloser Block gewirkt haben.

Vor dem »Schloß« dehnt sich ein riesiger rechteckiger Platz aus, der einst völlig ummauert war. Das gesamte Rechteck ist terrassenförmig aufgebaut, jede Terrasse steigt höher in Richtung Hauptgebäude. Nördlich und südlich des Platzes wölben sich Plattformen empor, die bisher noch nicht freigelegt wurden. Die gesamte Kultstätte von Chavin de Huántar umfaßte einst eine Fläche von dreizehn Hektar. Bislang kennt man das wenigste davon. In der Länge mißt die Anlage zweihundertachtundzwanzig Meter und in der Breite hundertfünfundsiebzig Meter. Da gibt es Vor- und Innenhöfe mit Treppen in alle Himmelsrichtungen, und unter dem rechteckigen Vorplatz verbirgt sich ein System von Gängen und Belüftungsschächten, Wasserstollen – eine Infrastruktur, die auf eine perfekte Planung schließen läßt.

Chavin de Huántar spielt den Experten einen Streich, denn diese Tempelanlage hat keinerlei Vorbilder. Sie scheint aus dem Nichts heraus von einem unbekannten Volk errichtet worden zu sein.[5, 6] Der Auftritt der Kultur von Chavin de Huántar gleicht einer Explosion, denn mit Sicherheit haben hier nicht die Inka gewirkt; deren Bauwerke sehen ganz anders aus.

Fachleute vermuten, Chavin de Huántar sei ein Wallfahrtsort gewesen, das religiöse Zentrum eines rätselhaften Volkes, das von irgend woher eingewandert sei. Eine Art Zeremonialzentrum. Für wen?

Alle Religionen gehen auf Initiatoren, Religionsstifter, zurück. Wo immer in der Welt Glaubensgemeinschaften entstanden, sind sie irgendwelchen Gottmenschen oder Propheten zuzuordnen. Dies trifft für den »religiösen Kult« von Chavin de Huántar nicht zu.

Der – vermeintliche – Tempelbau wird unterschiedlich datiert. Es gibt Fachleute, die sagen, die Anlage müsse um 500 vor Christus entstanden sein, andere geben ein Datum von 1000 vor unserer Zeitrechnung an. Damit wäre Chavin de Huántar der älteste bekannte »Tempel« in Südamerika. Aber wen, um alles in der Welt, hat man hier verehrt?

Genau wie der Untergrund des terrassenförmigen Platzes wird auch der Tempelkomplex selbst von einem Labyrinth aus Gängen durchzogen. Wenige Meter hinter der dicken Mauer steht mitten auf einer Gangkreuzung eine merkwürdige Stele. Man nennt sie »el Lanzon«, »die Lanze«. Diese Lanze ist über drei Meter hoch, doch nur fünfzig Zentimeter breit. Wie gelangte die steinerne Nadel hierher? Sie ließ sich weder in der Horizontalen noch in der Vertikalen um die zahlreichen Ecken bugsieren, die Gänge sind nämlich gerade mal sechzig Zentimeter breit. Offensichtlich haben die Architekten von Chavin de Huántar von Anfang an eine Öffnung in der Decke mit eingeplant, durch die das Schmuckstück an seinen jetzigen Platz herabgelassen wurde.

In dieses steinerne Monument ist ein höchst seltsames Wesen mit angsteinflößenden Reißzähnen eingeritzt – die Skulpturen von San Agustín lassen grüßen! Die Augen der Figur sind starr nach oben gerichtet, über dem Haupt sind Verzierungen angebracht, die kein Mensch versteht.

Einst waren die Innenräume mit Steinplatten ausgelegt.

93

Die Gänge im Inneren des »Tempels« waren ursprünglich mit Steinplatten ausgelegt, die sämtlich mit fein ziselierten Reliefs geschmückt waren, derart flach und sauber, als ob ein moderner Zahnarzt mit dem Turbinenbohrer einem Hobby nachgegangen wäre. Heute sind fast alle diese Platten abgeschlagen und verkauft worden. Hier und da steht noch ein Exemplar in den Gängen oder wird in einem Museum ausgestellt. Daher kennt man die menschenähnlichen Wesen mit den ausgebreiteten Flügeln, die einst die Platten zierten. Sie lassen sofort auf mißverstandene Technologien schließen. Dann wieder gibt es tierähnliche Figuren, die aussehen wie Kreuzungen zwischen Drachen und Menschen. Andere Monstren erinnern mich aus heutiger Sichtweise an die technischen Zeichnungen von Straßenbaumaschinen.

Und dann sind da noch die Köpfe. Ursprünglich steckten sie sowohl in den Außenmauern als auch in den Räumen des Hauptbaus. Heute sind nur noch wenige am Originalstandort anzutreffen. Auch die Köpfe wurden verscherbelt. Das wenige Verbliebene zeugt von unterschiedlichem Charakter.

Mal haben die Gesichter breite Nasen und Wulstlippen, mal klafft unter den Nasen ein rechteckiges Tiermaul, aus dem Draculazähne blekken, dann wieder haben die Köpfe überhaupt keine Gesichter.

Manche sind mit technischen Zutaten, wie Helme, Ohrenschützer,

Mundfilter und brillengleiche Augenvorsätze, versehen. Von zwei Ausnahmen abgesehen, liegt auf den Gesichtern ein unfreundlicher, fremdartiger, ja distanzierter und kühler Ausdruck.

Der ganze Kunststil von Chavin de Huántar wirkt abstrakt. Auch wenn die Reliefs in ihrer handwerklichen Kunst meisterhaft eingraviert sind, wissen wir nicht, was sie eigentlich darstellen. Man erkennt eine Verworrenheit und Spitzfindigkeit von geschwungenen Linien, die aus scheußlichen Köpfen hervorgehen und in den Klauen oder Raupen eines Raupenfahrzeugs enden. Ist schon die Anlage von Chavin de Huántar unerklärlich, so sind die Reliefs der Gipfel des Unverständlichen.

Auf einer der Terrassen vor dem Hauptgebäude fand ein Mitarbeiter des peruanischen Archäologen Julio Tello einen Obelisken, der heute das Archäologische Museum von Lima ziert.[7] Die eingemeißelte Ornamentik mit ihrem verwirrenden Bilderspiel konnte bis heute nicht enträtselt werden. Und weil man nichts Genaues weiß, stimmt man wie üblich die Kultarie an. Verschwommen wird von einem Jaguarkult gesprochen; von einem Raubvogelkult, einem Schlangen-, ja sogar von einem Kult der Zähne ist die Rede. Der Obelisk ist auf allen vier Seiten mit Reliefs übersät, ein einziges kunterbuntes Durcheinander von Zeichnungen, Köpfen, Händen, Flügeln, Fingernägeln und Zähnen.

Oben links:
Fremdartige
Gesichter mit und
ohne Helm, doch
stets mit blecken-
den Zähnen, wa-
ren einst in die
Wände einge-
lassen.

Oben rechts:
Der Tello-Obe-
lisk, gefunden in
Chavin de Huán-
tar, steht jetzt im
Archäologischen
Museum von
Lima. Das ver-
wirrende Bilder-
spiel konnte bis
heute nicht entzif-
fert werden.

Unsere Spezialisten in den geheimen Nachrichtendiensten knacken jeden Code. Vielleicht sollte sich mal einer hinter die Dechiffrierung des Tello-Obelisken klemmen. Ich vermute allerdings, daß er dabei eine technische Brille aufsetzen müßte, um das Rätsel zu lösen.

Ebenfalls in Chavin de Huántar entdeckte der Archäologe Antonio Raimondi eine Stele, die heute ein Prunkstück im Archäologischen Museum von Lima darstellt.[8] Man nennt sie die Raimondi-Stele. Sie ist aus dunklem Diorit gearbeitet, 1,75 Meter hoch, 73 Zentimeter breit und 17 Zentimeter dick. Jeder Archäologe, den ich befragte oder dessen Bücher ich konsultierte, gibt eine andere Erklärung zur Darstellung auf diesem einzigartigen Kunstwerk.[9–14]

Die einen erkennen einen Jaguarmenschen mit stilisierten Götterhäuptern; die anderen sehen Raubtierköpfe und Zepter, Schlangenleiber und Schlangenköpfe; wieder andere reden von einem phantasiereichen Kopfschmuck mit übereinander angeordneten Mündern und heraushängenden Zungen oder schließlich von einer menschlichen Figur mit einem tierischen Kopf, der von einem Strahlenkranz umrahmt werde. Natürlich fehlen auch die Masken und Tierfelle nicht oder sogar die Darstellung der Inkarnierung des Schöpfergottes Viracocha. Insgesamt las ich in der Fachliteratur sechsundzwanzig verschiedene Betrachtungsweisen über das, was die Raimondi-Stele nun eigentlich sein könne.

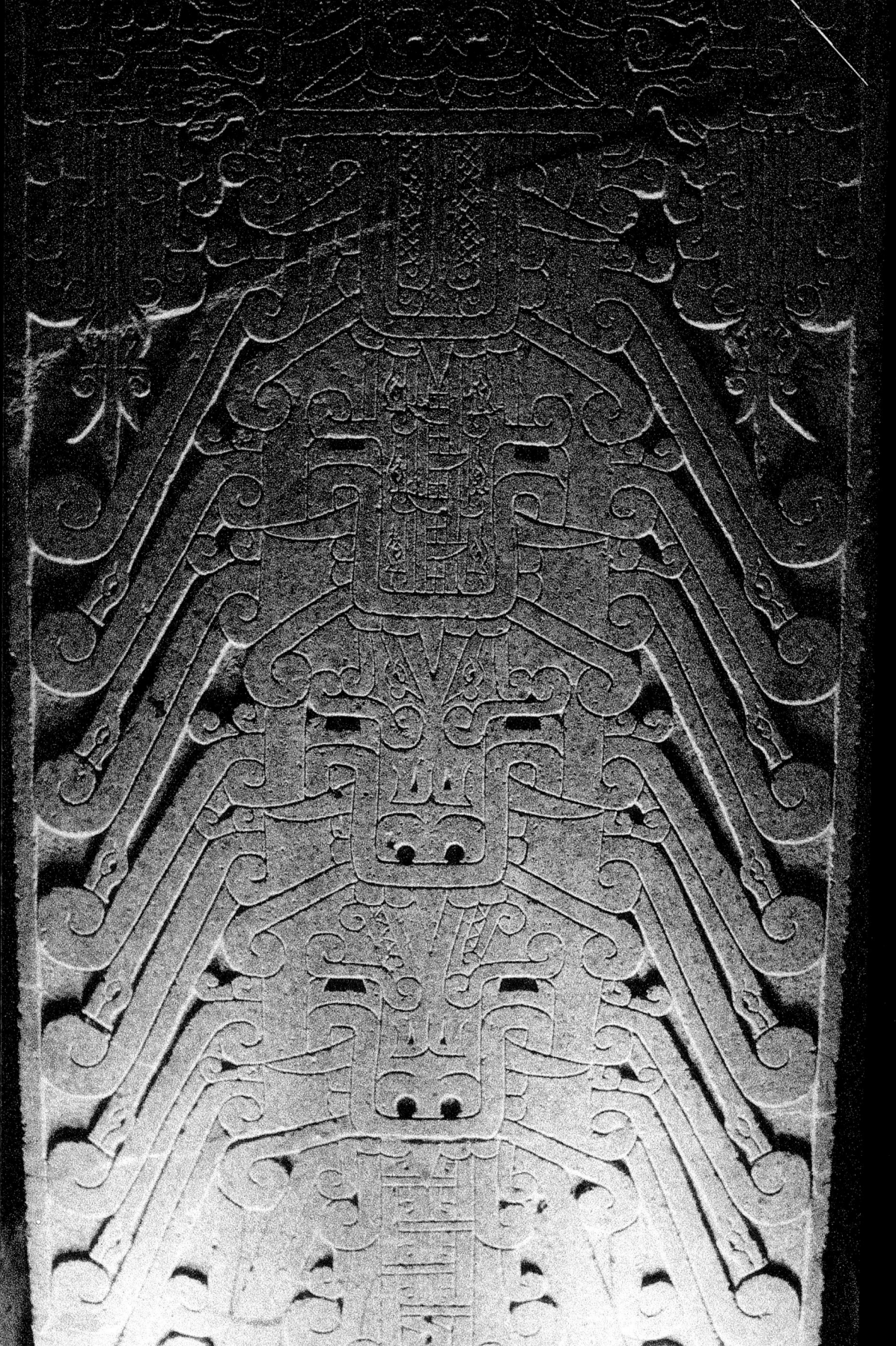

*Vorhergehende
Seite:
Die Raimondi-
Stele bildete einst
das Zentrum eines
Platzes von Cha-
vin de Huántar
(heute Archäolo-
gisches Museum
von Lima). Über
die Ornamentik
kursieren die
verschiedensten
Deutungen.*

Mit neuen Augen sah es der Deutsche Wolfgang Volkrodt, ein Doktor der Ingenieurkunst.[15] In seinem Buch *Es war ganz anders* rekonstruierte Dr. Volkrodt die Raimondi-Stele mit dem Wissen des Ingenieurs. Das Resultat ist verblüffend und zumindest sinnvoller als die bisherigen, recht hilflosen Deutungsversuche. Dr. Volkrodt erkennt nichts von Jaguarköpfen, irgendwelchen Zeptern, Schlangen oder ähnlichen Träumereien, sondern eine Kesselanlage, in der Dampf produziert wurde. Der Dampf wiederum bewegte acht schwenkbare Hebel und die dazugehörigen Drehkolben – heute würde man von einer Sechszylinder-Zweitaktmaschine sprechen. Der zentrale Dampfkessel speiste vier separate Zylindersysteme, die für alle möglichen Schwerarbeiten eingesetzt werden konnten.

Die Raimondi-Stele von Chavin de Huántar zeigt in Wirklichkeit den technischen Aufbau einer raffiniert durchdachten Maschine. Dieses Monstrum konnte die Arme bewegen, selbst laufen, und auf Wunsch konnten die Erbauer das Gebilde sogar als Wächter einsetzen. Dazu schraubte man ein Schwert in einen der Arme. Mich wundert nicht, daß die steinzeitlichen Menschen, die nichts von Technologie begriffen, vor dem rauchenden, dampfenden und lärmverbreitenden Ungetüm flohen – oder in Ehrfurcht auf die Knie sanken und die Maschine anbeteten.

Was mich viel mehr verwundert, ist, weshalb unsere geistreichen und humorvollen Archäologen sich nie mit einem Mann wie Dr. Volkrodt zusammensetzen.

Nachdem die Raimondi-Stele als Darstellung einer Maschine entlarvt ist, wird man auch einige der anderen Monstren von Chavin de Huántar technisch interpretieren können. Die Frage hinter allem bleibt nur: Woher stammen die Technologie und das Wissen? Auch technische Gebilde entstehen nicht so ohne weiteres. Man muß sie erfinden, muß erproben, Pläne zeichnen und Versuchsanordnungen durchführen. Auch die Technik hat ihre Evolution.

Im alten Indien, wo es von Flugmaschinen unterschiedlicher Art nur so wimmelt, ist überliefert, die Technik dafür stamme von den Lehrmeistern. Von jenen All-Mächtigen, die einst aus dem Weltraum kamen und die junge Menschheit unterwiesen.

Linke Seite: Mit neuen Augen interpretierte der Ingenieur Dr. Wolfgang Volkrodt die Stele. Sie wird in seinem Buch »Es war ganz anders« zur Darstellung einer sehr praktischen und vielfältig anwendbaren Maschine.

Bibliographie

1 Stöpel, Karl: Südamerikanische prähistorische Tempel und Gottheiten. Frankfurt 1912.
2 Preuß, Theodor K.: Monumentale vorgeschichtliche Kunst. Göttingen 1929.
3 Soto Holguin, Alvaro: San Agustín, Instituto Colombiano de Antropologia. Bogota o. J.
4 Däniken, Erich von: Die Strategie der Götter. Düsseldorf 1982.
5 Krickeberg, Walter: Altmexikanische Kulturen. Berlin 1975.
6 Disselhoff, Hans-Dietrich: Alt-Amerika. Baden-Baden 1961.
7 Tello, Julio C.: Discovery of the Chavin Culture in Peru. Aus: American Antiquity, Vol. IX, No. 1. Menasha 1943.
8 Raimondi, Antonio: El Peru. Tomo I. Lima 1940.
9 Stingl, Miloslav: Die Inkas – Ahnen der »Sonnensöhne«. Düsseldorf 1978.
10 Pörtner, Rudolf und Davies, Nigel: Alte Kulturen der Neuen Welt – Neue Erkenntnisse der Archäologie. Düsseldorf 1980.
11 Trimborn, Hermann: Das Alte Amerika. Stuttgart 1959.
12 Nachtigall, Horst: Die amerikanischen Megalithkulturen. Berlin 1958.
13 Huber, Siegfried: Im Reich der Inka. Olten 1976.
14 Katz, Friedrich: Vorkolumbische Kulturen – Die großen Reiche des alten Amerika. München 1969.
15 Volkrodt, Wolfgang: Es war ganz anders. Die intelligente Technik der Vorzeit. München 1991.

7. Kapitel

Licht für den Pharao

Rechte Seite:
In der Pyramide
des Pharao Unas
(fünfte Dynastie)
in Sakkara sind
die Wände mit
Texten beschriftet.
Welche Licht-
quelle benutzten
die Handwerker?

Elektrische Batterien im Museum von Bagdad – Die Energie aus den Tonkrügen – Bluffte der Pharao? – Isolatoren in allen Variationen – Die Krypta von Dendera – Es wurde Licht – Die Atlanten von Tula – Schmetterlinge gegen die Vernunft

Wie beleuchteten die alten Ägypter eigentlich ihre unterirdischen Räume? Die tief in den Fels geschlagenen Gräber im Tal der Könige? Die Gänge und Grabkammern in den Pyramiden, deren Wände teilweise mit Texten vollgepfropft sind?

Haben die Künstler vor Jahrtausenden Fackeln oder Kerzen benutzt? Schwerlich, denn dann wären die Wände und Decken verrußt. Nichts davon ist in den unterirdischen Korridoren festzustellen. Oder wurde das Licht mittels Metallspiegeln in die Räume transportiert?

Das läßt sich bei Kammern, die nur ein oder zwei Stockwerke unter dem Boden liegen, ohne weiteres durchführen. Das Sonnenlicht in Ägypten ist grell, man kann es über mehrere Spiegel auch um die Ecke lenken. Problematischer wird dieser Spiegeleffekt bei verwinkelten Gängen und Kammern, die tief im Erdreich liegen, wie beispielsweise im Tal der Könige. Bei jedem weiteren Spiegel verliert das Licht an Helligkeit, insbesondere bei den damals in Ägypten verwendeten Metallreflektoren. Man schätzt, daß bereits nach der dritten, spätestens aber der vierten Spiegelung um die Ecke die große Dunkelheit eintrat.

Oder – ich bin ein Mann mit ketzerischen Gedanken – kannten die alten Ägypter gar so etwas wie elektrisches Licht mit Glühbirnen und Batterien?

Tatsächlich weisen Spuren aus dem Altertum auf eine Verwendung von Elektrizität hin.[1] Im Jahre 1936 entdeckten Archäologen auf einem Feld bei Bagdad verschiedene Tonkrüge. Die Gefäße waren nicht leer, sondern enthielten am Boden einen Hohlzylinder aus Kupfer, der mit einer Pechschicht fixiert war. In der Achse des Zylinders steckte ein Eisenstab, und das Ganze war durch einen Pechstöpsel verschlossen.

Der deutsche Archäologe Wilhelm König erinnerte sich an galvanische Elemente, die ganz ähnlich aussahen. So füllte er ein Tongefäß mit

Essigsäure und stellte zwischen dem Eisenstab und dem Kupferzylinder eine Potentialdifferenz von einem halben Volt fest. Ähnliche Ergebnisse wurden mit Essig- oder Zitronensäure und sogar mit einer Meersalzlösung erreicht.

Die seltsamen Tonkrüge waren demnach elektrische Batterien. Ein paar von ihnen können heute im Irakischen Museum von Bagdad besichtigt werden.

Die Tonkrüge gehen auf die Zeit der Parther zurück, die einige Jahrhunderte vor unserer Zeitrechnung in jenem geographischen Raum lebten.

Zu Beginn der achtziger Jahre sind ebenfalls im Irak ähnliche Funde in Seleukia am Tigris sowie im benachbarten Ctesiphon gemacht worden. Diese werden sogar auf 2500 vor Christus zurückdatiert.

Was konnte man damit anfangen? Beispielsweise kleine Figürchen nach dem galvanischen Prinzip vergolden. Oder es ließen sich mehrere Batterien zusammenkoppeln, wodurch sich bekanntermaßen die Stromstärke verbesserte.

Sind derartige Batterien auch im alten Ägypten zur Anwendung gekommen? Einiges spricht dafür, denn auf ägyptischen Tempelwänden tauchen Darstellungen von seltsamen Tonkrügen auf, die den Batterien aus Bagdad verblüffend ähneln. Da erkennt man einerseits die ganz gewöhnlichen Gefäße, die Wasser, Öl oder Wein enthielten und die beispielsweise bei den Salbungen der Pharaonen und Priester benutzt wurden. Im Gegensatz dazu erkennt man mehrfach zusammengekoppelte Tonkrüge, deren Inhalt schwerlich aus etwas Flüssigem bestanden haben dürfte. Versuchen Sie einmal, aus drei miteinander verbundenen Wasserkannen *gleichzeitig* Wasser in ein Gefäß zu gießen. Die ägyptischen Künstler haben diese seltsame Art gekoppelter Tonkrüge denn auch mit Zickzacklinien versehen. Wollten sie damit Energie in Form von Elektrizität darstellen? Gab es also mindestens zwei Sorten von Krügen? Aus den einen floß Flüssigkeit, aus den anderen elektrischer Strom?

Wo elektrischer Strom ist, können Kupferdrähte nicht weit sein. Man fand dünne, isolierte Kupferdrähte in verschiedenen Pharaonengräbern, etwa jenem des Tutanchamun im Tal der Könige. Allgemein bekannt ist, daß die Vorderseite des Kopfschmuckes der Pharaonen mit einer Schlange, der Kobra, verziert war. Mein Instinkt sagt mir, daß damit »Gefahr«, »Macht« symbolisiert wurde. Zuckte aus dieser Schlange vielleicht ein elektrischer Schlag? Begann sie plötzlich geheimnisvoll zu leuchten und die gewöhnlichen Sterblichen zu erschrecken? Trug der Pharao Batterien auf dem Leib? Waren irgendwelche Energieträger in seinem Thron versteckt, und bluffte er seine Untertanen durch Elektrizität? Oder bezog er den Strom gar aus Sonnenkollektoren, die von der unwissenden Nachwelt als Kopfschmuck oder Kronen eingestuft wur-

den? Nun, die funktionierenden Batterien sind eine Tatsache. Der Rest ist – vorerst – Spekulation.

Eine elektrische Batterie nach dem galvanischen Prinzip steht im Museum von Bagdad.

Wer könnte denn überhaupt den Völkern zwischen dem Zweistromland an Euphrat und Tigris und dem Reich am Nil etwas über Elektrizität beigebracht haben?

Diodor von Sizilien, ein Geschichtsschreiber, der vor rund zweitausend Jahren lebte und Autor einer vierzigbändigen Bibliothek ist, schrieb, einst seien die Götter vom Himmel gestiegen, und erst sie hätten die Menschen die Künste, den Bergbau, die Anfertigung von Werkzeugen, die Bebauung des Bodens und auch die Gewinnung von Wein gelehrt.[2] Gleichfalls sei die Schrift den Sterblichen von den Göttern beigebracht worden, und diese hätten die Erdbewohner in der Ordnung der Gestirne, der Harmonie der Natur und in anderen hilfreichen Dingen unterwiesen.

Brachten jene rätselhaften Wesen, die All-Mächtigen der Vorzeit, den Menschen nicht nur das Feuer, sondern auch den elektrischen Strom?

Das Gedankengebäude, das ich hier erstelle, steht noch auf wackligen Füßen. Wir haben zwar funktionstüchtige Batterien und isolierte Kupferdrähte aus dem Altertum, doch wer mit Elektrizität hantiert, müßte sich eigentlich auch mit Isolatoren befassen.

Diverse Beispiele
sogenannter
»Djed-Pfeiler«. Es
gibt sie in allen
Variationen: so-
wohl als Schmuck-
stücke als auch als
Symbole an Tem-
pelwänden und
Säulen. Die Be-
deutung des
»Djed-Pfeilers« ist
umstritten.

Oben:
Der Tempel von
Abydos ist dem
Gott Osiris ge-
weiht. Hier ist der
»Djed-Pfeiler«
größer als die
Menschen.

Mitte und unten:
Zwei Tonkrüge
zum Vergleich:
Im mittleren Bild
gießen die Priester
aus je einem Ton-
krug eine Flüssig-
keit über den Pha-
rao. Im Bild unten
hält der Priester
drei miteinander
verkoppelte
Krüge, aus denen
Zickzacklinien
zur Gottheit (oder
umgekehrt) sprü-
hen. Sollten die
verkoppelten
Krüge elektrische
Batterien dar-
stellen?

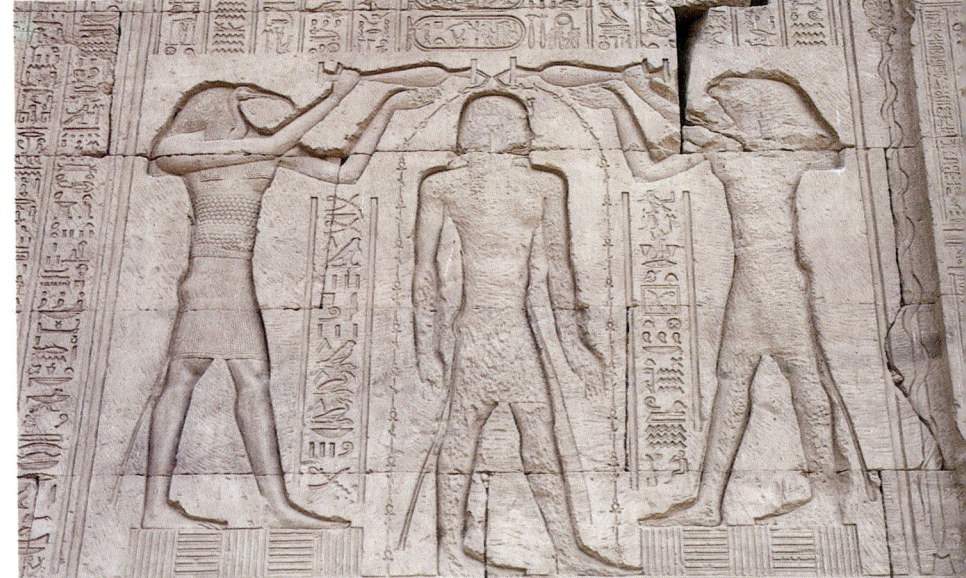

Derartige Isolatoren gibt es in allen Variationen. Die Ägyptologen nennen sie Djed-Pfeiler. Nur Wissende durften damit umgehen. Gefunden hatte man sie bereits unter der ältesten Pyramide, jener des Djoser in Sakkara. Diese Djed-Pfeiler wurden später als Schmuckstücke aufgestellt oder sogar um den Hals getragen. Ihre Bedeutung war vermutlich dem einfachen Volk nicht verständlich. In Abydos gibt es sogar ein großes Wandrelief, auf dem zu erkennen ist, wie König Sethos I. der Göttin Isis einen Djed-Pfeiler von der Größe eines Menschen überreicht. Das Größenverhältnis von Djed-Pfeiler zu Mensch ist auch auf alten Papyri dargestellt worden. Was aber soll dieser isolatorenähnliche Gegenstand tatsächlich sein?

Die Ägyptologen der Gegenwart sind sich hier nicht einig. Verschiedene Variationen stehen zur Auswahl. Der Djed-Pfeiler sei das Symbol des Gottes Osiris, heißt es, wieder andere behaupten, er sei ein

- Symbol für Beständigkeit,
- Symbol für Ewigkeit,
- prähistorischer Fetisch,
- entlaubter Baum,
- mit Kerben versehener Pfahl,
- Fruchtbarkeitszeichen,
- Ährensymbol,
- Palmwedel.

Die beiden Autoren Peter Krassa und Reinhard Habeck, die über die Elektrizität im Altertum ein Buch mit dem Titel *Das Licht der Pharaonen* verfaßten, schlugen vor, hinter dem Djed-Pfeiler einen simplen Isolator zu sehen, der je nach Größe und verwendetem Material unterschiedlich eingesetzt werden konnte.[3] Tatsächlich fand man in Ägypten kleinere Varianten, an denen noch die Kupferdrähte hingen.

Alte Wandreliefs in einer Krypta siebzig Kilometer nördlich von Luxor bestätigen die Vermutungen von Krassa und Habeck. Die Tempelanlage von Dendera ist vorwiegend der Göttin Hathor gewidmet. In ältester Zeit galt sie als Himmelsgöttin und Mutter des Sonnengottes Horus. Wie Mastabas belegen, war Dendera, der Tempel der Göttin Hathor, schon im alten Reich bekannt, verlor jedoch im Laufe der ägyptischen Geschichte an Bedeutung, bis er zur Ptolemäerzeit wieder restauriert und neu aufgebaut wurde.

Heute sind die Tempelanlagen für jeden Besucher eine Reise wert. Säulengalerien, Wände und Decken vermitteln einen tiefen Einblick in die jüngere ägyptische Göttervorstellung, die selbstverständlich nicht ohne die alten Vorbilder auskam.

Dendera ist auch der einzige Ort in Ägypten, wo ein vollkommener Tierkreis mit den sechsunddreißig Dekaden des ägyptischen Jahres gefunden wurde. Das herrliche Relief mit seinen zwölf Hauptfiguren, mit

Oben links:
Der Kopfschmuck so mancher ägyptischen Gottheit könnte mit modernen Augen als Sonnen-
batterie interpretiert werden. Ist hier Technik
mißverstanden worden?

Oben rechts:
Der innere Teil des Kopfschmucks von Tut-
anchamun legt eine elektrische Verbindung zur
Schlange auf der Stirn nahe.

Unten:
Als Zeichen ihrer Macht trugen Götter und Pharaonen die Schlange auf der Stirn. Zuckten aus
ihrer Zunge elektrische Entladungen? Bluffte der
Pharao damit seine Untertanen?

mathematischen und astronomischen Zeichen, das heute im Pariser Louvre zu bestaunen ist, wurde im letzten Jahrhundert aus einer Tempeldecke von Dendera herausgesprengt und für hundertfünfzigtausend Francs an König Ludwig XVIII. verscherbelt. Astronomen, welche die Tierkreisdarstellung von Dendera untersuchten, geben ihr ein Alter von 700 vor Christus, andere gar ein solches von 3733 vor Christus.

Einzigartig in Dendera sind auch die unterirdischen Kammern mit ihren geheimnisvollen Wandreliefs aus längst vergessenen Zeiten. Einer dieser Räume ist nur durch ein enges Loch, vergleichbar der Öffnung einer Hundehütte, betretbar. Die Kammer ist niedrig, stickig, mißt gerade mal 1,12 Meter in der Breite und 4,60 Meter in der Länge. An den Wänden erkennt man menschliche Gestalten neben blasenförmigen Gegenständen, die tatsächlich an überdimensionale Glühbirnen erinnern mit Schlangen in Wellenlinien im Inneren. Die spitz zulaufenden Enden der Schlangen führen zu einer Lotusblume, die ohne viel Phantasie als Fassung der Birne interpretiert werden kann. Schließlich verläuft so etwas wie ein Kabel zu einem Kästchen, auf dem der Luftgott kniet. Und unmittelbar daneben steht als Zeichen der Kraft ein zweiarmig dargestellter Djed-Pfeiler, der seinerseits mit der Schlange verbunden ist. Bemerkenswert ist noch der pavianähnliche Dämon mit zwei Messern in den Händen, die als »schützende und abwehrende Macht« gedeutet werden.

Der Haupteingang des Tempels von Dendera.

109

Oben und rechte Seite, oben links: Details der Glühbirnen mit den Glühdrähten, den Isolatoren, der Fassung und der Zuleitung.

Vielleicht wollte man mit dem messerbewehrten Pavian etwas Ähnliches darstellen wie unser heutiges Symbol des Totenkopfes: Gefahr!

Die Fachleute tun sich schwer mit diesen unterirdischen Räumen im Fundament des Hathortempels von Dendera. Man spricht von einem »Kultraum«, einer »Bibliothek«, von »Archiven« und von »Abstellräumen für Kultgegenstände«. Mir kommt dies lächerlich vor. Welchen Sinn machen denn Archive oder Bibliotheken, meinetwegen auch Abstell- oder Kulträume, die nur durch ein Hundeloch begehbar sind? Und weshalb sollen die Wände von Abstellkammern mit phantastischen und einzigartigen Reliefs verziert sein? Johann Wolfgang von Goethe meinte einst: Der Scharfsinn verläßt geistreiche Männer am wenigsten, wenn sie unrecht haben.

Ich vermute, an den Wänden der Krypta unter Dendera ist eine Geheimwissenschaft dargestellt: jene der Elektrizität.

Könnten die birnenförmigen Objekte einst geleuchtet und elektrisches Licht verbreitet haben? Einer hat's überprüft. Der Elektroingenieur Walter Garn aus Wien hielt sich penibel an die Vorlage in der Krypta von Dendera. Er rekonstruierte die »Glühlampe«, den »Schlangendraht«, die »Fassung« und selbst den djedpfeilerähnlichen »Isolator« und fügte Strom hinzu. Es wurde Licht!

Oben rechts:
Der Affe mit den
gewetzten Mes-
sern symbolisiert
die Gefahr ...

(1) Ein Mensch hält einen (2) blasenförmigen Gegenstand, in dem sich eine (3) Schlange windet. Das Ende des blasenförmigen Gegenstandes und der Schlange verläuft in einer (4) Fassung, von der ein (5) Kabel zu einem (6) Kästchen führt, auf dem der Luftgott kauert. Der Affe mit den gewetzten Messern (7) symbolisiert die Gefahr, der ein Unwissender ausgesetzt ist.

Oben:
Nach archäologischer Lehrmeinung sind die Kästen auf der Brust nichts anderes als »Schmetterlingssymbole« und die Gegenstände in den Händen simple »Schleudern«. Ich erkenne mißverstandene Technologien, denn die »Schmetterlinge« sind mit Bändern über den Schultern befestigt, und die »Schleudern« werden mit zwei Fingern gehalten.

Unten:
Die Statuen oder »Atlanten« von Tula, siebzig Kilometer außerhalb von Mexico City.

Ein ähnlicher Fall von mißverstandener Technologie sind für mich die Statuen von Tula, siebzig Kilometer nordwestlich von Mexico City auf einer künstlichen Plattform gelegen. Die Statuen – man nennt sie auch »Atlanten« – sollen mit einem »Pfeilbündel« sowie einer »Schleudervorrichtung« ausgestattet sein und einen »schachtelförmigen Hut« tragen. Auf der Brust bemerken Archäologen »Schmetterlingssymbole« und auf den Schuhen »Blumen«.[4]

Gütiger Himmel – *mir* zeigen die Statuen etwas ganz anderes. *Ich* erkenne Brillenaugen und Helme mit geschützten Ohren. In den Händen halten die Figuren spitz zulaufende Waffen, vergleichbar einer heutigen Elektroschockwaffe. Die Kästen auf der Brust sind keine »Schmetterlingssymbole«, denn die Aufhängevorrichtung über die Schultern ist deutlich sichtbar. Und schließlich vermag ich auch keine »Blumen« auf den Schuhen auszumachen, sondern bestenfalls verstellbare Zahnräder, um die Schuhe mit dicken Handschuhen überhaupt öffnen zu können.

Sind unsere Deutungen von Bildwerken sowohl in Ägypten als auch in Zentralamerika deshalb so weltfremd, weil das geistige Modell, die Vorgabe, die dahintersteckt, mit den Denkweisen der damaligen Völker wenig gemeinsam hatte? Was sollen denn nichtssagende Begriffe wie »Djed-Pfeiler« in Ägypten oder »Grünfederschlange«, »Bienengott« und »Schild-Jaguar« in Mexiko? Diese und viele andere Bezeichnungen sind hohle Ausdrücke, perpetuiert und multipliziert in den Lehrbüchern. Ich behaupte nicht, meine Betrachtungsweise durch die moderne Brille sei die endgültig richtige. Aber ich behaupte, daß die bisherige Betrachtungsweise auf keinen Fall der Weisheit letzter Schluß sein kann.

Bibliographie

1 Däniken, Erich von: Die Augen der Sphinx. München 1989.
2 Diodor von Sizilien: Geschichts-Bibliothek, übersetzt von Dr. Adolf Wahrmund. Stuttgart 1866.
3 Krassa, Peter und Habeck, Reinhard: Das Licht der Pharaonen, München 1992.
4 Pörtner, Rudolf und Davies, Nigel: Alte Kulturen der Neuen Welt. Düsseldorf 1980.

8. Kapitel

Verlorene Städte im Dschungel

Rechte Seite, oben: Gesamtansicht von Machu Picchu.

Rechte Seite, unten: Der hufeisen-förmige Haupt-tempel von Machu Picchu. Hier läßt sich der Stilbruch zwischen Mega-lithbaukunst und Inkabauweise gut erkennen. Das untere Drittel des Bauwerks ist me-galithisch.

Der alte Gipfel – Panzerschrank der Inka – Eine Megalithstadt im Urwald – Der Sonnenstein – Buritaca 200 – Terrassen zu den Göttern – Die Kagaba und der Weltraum – Sintflut über dem Planeten

Ich möchte Sie in zwei Städte führen, deren Anfänge im Nebel der Vergangenheit liegen. Die eine Stadt ist bekannt und sogar für den Tourismus erschlossen: Machu Picchu in Peru. Die andere kennt außer einigen Spezialisten niemand. Sie wird vom dampfenden Dschungel der Sierra Nevada von Santa Marta in Kolumbien überwuchert. Beide Städte weisen mythologische und astronomische Gemeinsamkeiten auf, obgleich sie über Tausende von Kilometern voneinander entfernt sind.

Machu Picchu ist ein Götterheiligtum ganz besonderer Art. Der Ort liegt hundertzwölf Kilometer nordwestlich von Cuzco in mehr als zweitausenddreihundert Meter Höhe über dem kurvenreichen Rio Urubamba. Als Entdecker Machu Picchus wird den Touristen der amerikanische Forscher Hiram Bingham genannt, der die Dschungelstadt im Jahre 1911 betrat. Leider stimmt schon diese Geschichte nicht. Der ehrenwerte Amerikaner Hiram Bingham hat die Urwaldstadt nicht entdeckt – denn die Einheimischen kannten sie längst –, sondern für die Öffentlichkeit als erster beschrieben.

»Picchu« bedeutet soviel wie »Gipfel«, und »Machu« heißt wörtlich übersetzt »alt«. Machu Picchu ist also ein »alter Gipfel«. Gleich gegen-über, auf der anderen Seite des Rio Urubamba, erhebt sich der zweite Gipfel, der Huayna Picchu. Machu und Huayna Picchu stechen wie abgewaschene Zuckerhüte aus dem feuchtnebligen Urubambatal heraus, getrennt nur vom Silberstreif des Flusses, dessen Grollen noch nach Machu Picchu herauftönt. Machu Picchu ist unbeschreiblich. Forscher nannten die Stadt »eine Hymne aus Stein und von verschwenderischer, schockierender Pracht«. Es ist die halsbrecherischste aller Stadtburgen, der Panzerschrank der Inka, die Götterresidenz der Sonnensöhne. Niemand kennt das wahre Alter von Machu Picchu, niemand den ursprünglichen Namen.

Aus den Chroniken der spanischen Eroberer ist bekannt, daß der

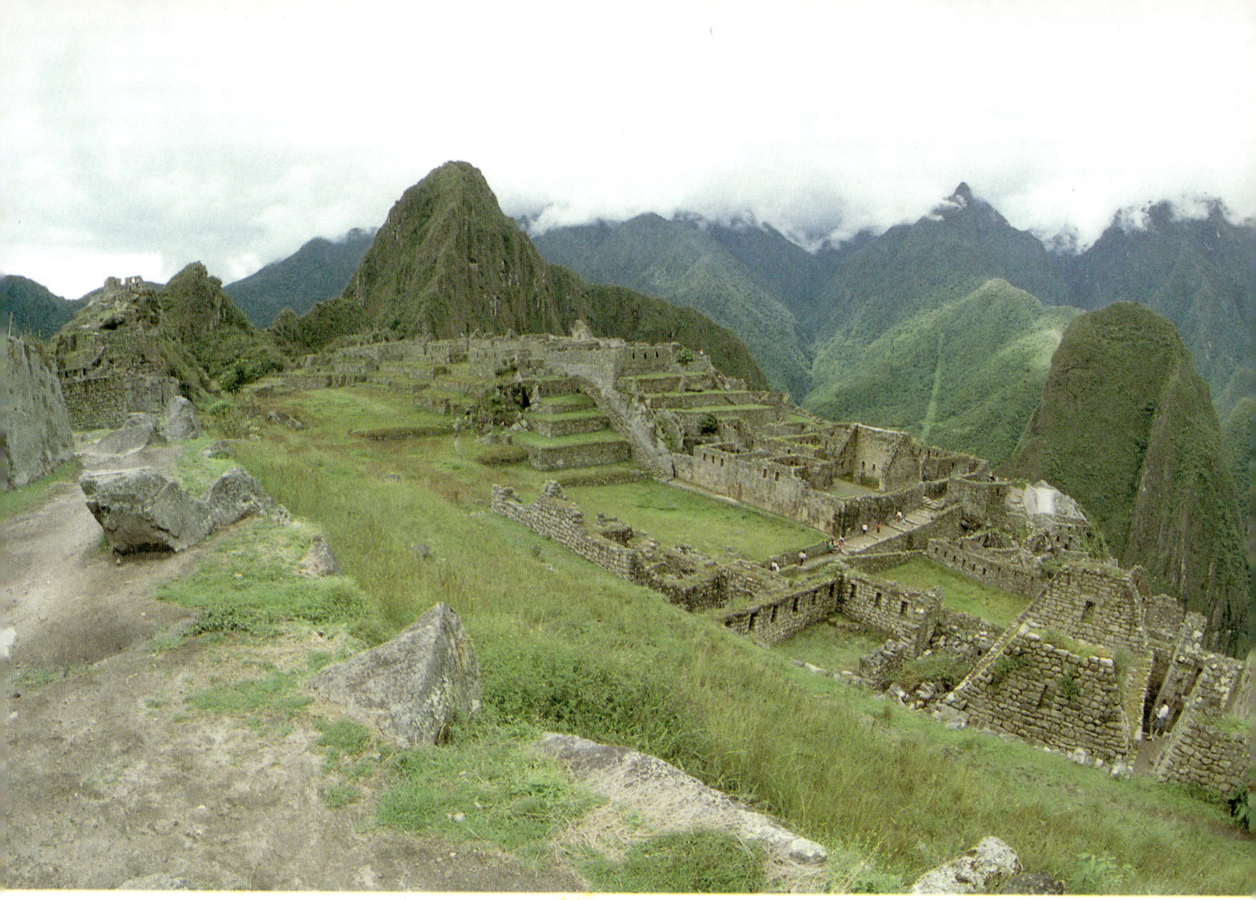

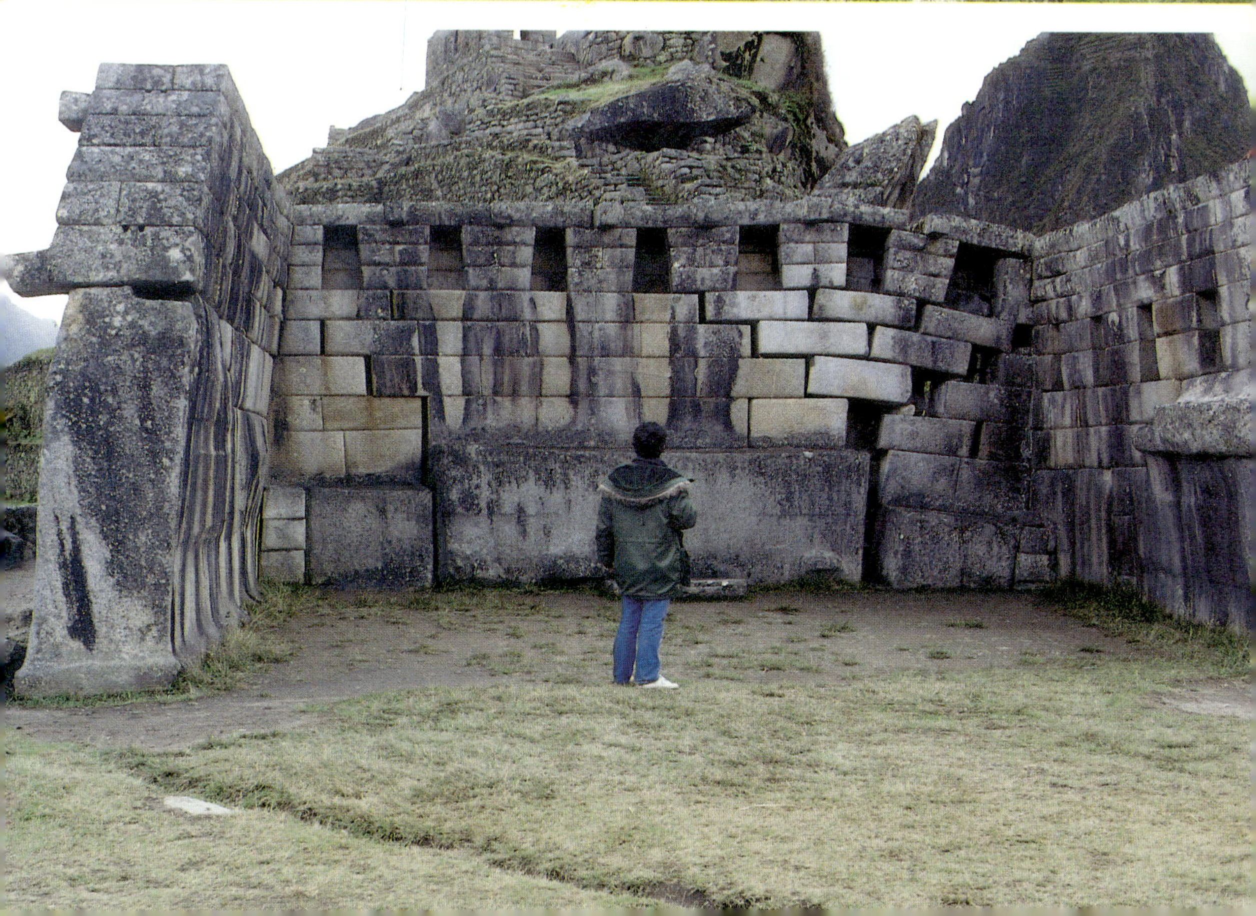

Soldat Miguel Rufino ein Indiomädchen vor der Vergewaltigung rettete, indem er einen eigenen Kameraden mit dem Schwert erschlug.[1] Daraufhin versteckte er sich mit der Inkaschönheit, die ihn schließlich über verschlungene, tagelange Märsche in eine heilige Stadt der Sonnenjungfrauen führte. Miguel Rufino beschrieb später den Ort mit dem darunterliegenden, sich windenden Fluß und den beiden Berggipfeln derart eingehend, daß kein Zweifel daran besteht: Er war in Machu Picchu. Der Held und seine Geliebte mußten schwören, den Gesetzen der Inti zu gehorchen und keinem Fremden etwas von dieser heiligen Stadt zu verraten. Sie durften sich in einem verfallenen Palast häuslich einrichten und lebten ein volles Jahr dort.

In Machu Picchu erheben sich zweiundneunzig Bauwerke auf künstlichen Terrassen. Sie bedecken eine Fläche von achthundert Meter Länge und fünfhundert Meter Breite, nicht eingerechnet die unzähligen Ackerbauterrassen, von denen einige buchstäblich am senkrecht herabfallenden Felsen kleben.[2] Dieses einzigartige Wunder der Ingenieurkunst ist zudem derart raffiniert angelegt, daß es von unten, vom Urubambatal, den Blicken verborgen bleibt. Das Baumaterial besteht vorwiegend aus bläulichem und smaragdgrünem Granit sowie hellem Lavagestein.

Auch dem oberflächlichsten, von seinem Reiseleiter gehetzten Touristen fallen in Machu Picchu drei unterschiedliche Baustile auf.

Da sind zunächst die Mäuerchen der Ackerbauterrassen, wie sie noch heute von den Hochlandindios errichtet werden. Dann gibt es die mächtigen Inkamauern mit ihren vielkantigen, aufeinander zugeschnittenen und eingepaßten Quadern, mit monolithischen Querbalken, wuchtigen, imposanten Türmen und den klassischen, trapezförmigen Öffnungen. Und schließlich die uralten, riesigen und Hunderte von Tonnen schweren Megalithen, auf denen alles andere ruht. Es sind die Überreste jener rätselhaften Dschungelstadt, in welcher der spanische Soldat Miguel Rufino mit seiner Geliebten hausen durfte.

Unbestreitbar haben in Machu Picchu Inkafrauen und -männer residiert, ebenso unwiderlegbar entging hier eine kleine Volksgruppe der spanischen Katastrophe. Doch diese Überlebenden waren niemals die Erbauer Machu Picchus. Sie hätten nicht einmal die Zeit dafür gehabt. Machu Picchu ist in seiner ganzen Anlage und Architektur ein Generationenwerk, das auf den Resten einer viel älteren Megalithkultur errichtet wurde. Die »verlorene Stadt der Inka« existierte längst, als die spanischen Eroberer anrückten.

Der Stilbruch zwischen Megalithbaukunst und Inkawerk tritt deutlich zutage. Da gibt es den Bau, der heute »königliches Mausoleum« genannt wird. Er ist aus dem natürlichen Fels herausgeschnitten, und selbst die sieben Stufen, die zum Mausoleum hinunterführen, stammen entgegen jeder Inkamanier aus einem Felsstück. Dieselbe Feststellung gilt für den

hufeisenförmigen Haupttempel von Machu Picchu. Er thront auf drei mächtigen Felsstücken, die einem einzigen Block Naturfels entnommen worden sind. Diese Mauerwände sind doppelt so hoch wie die später auf ihnen errichtete Inkamauer. Das obere Drittel gehört den Inka, die unteren zwei Drittel jenen unbekannten Megalithikern, denen wir das ursprüngliche Machu Picchu verdanken.

Und dann der Turm, den man heute »Wachtturm« nennt – er läßt das soeben Gesagte zur Gewißheit werden. Der Bau besteht aus einem halbrunden Gemäuer, das die Inka um die vorhandene Megalithstruktur herumzogen. Diese ließen sie aus unerklärlichen Gründen unberührt. Bis heute vermochte niemand zu beantworten, was das steinerne Gebilde am Boden dieses Wachtturms bedeutet.

Wie alt also ist Machu Picchu?

Die Inka selbst führen ihre Dynastie auf einen Urvater namens Manco Capac zurück, der als Sohn des Sonnengottes das Reich gegründet habe.[3, 4] Dieser Manco Capac brachte den ungebildeten Andenbewohnern bei, wie man Pflanzen züchtete, Bewässerungskanäle anlegte und Tempel errichtete. Und selbstverständlich unterwies er sie in Mathematik und Astronomie.

An der höchsten Stelle von Machu Picchu thront ein megalithischer

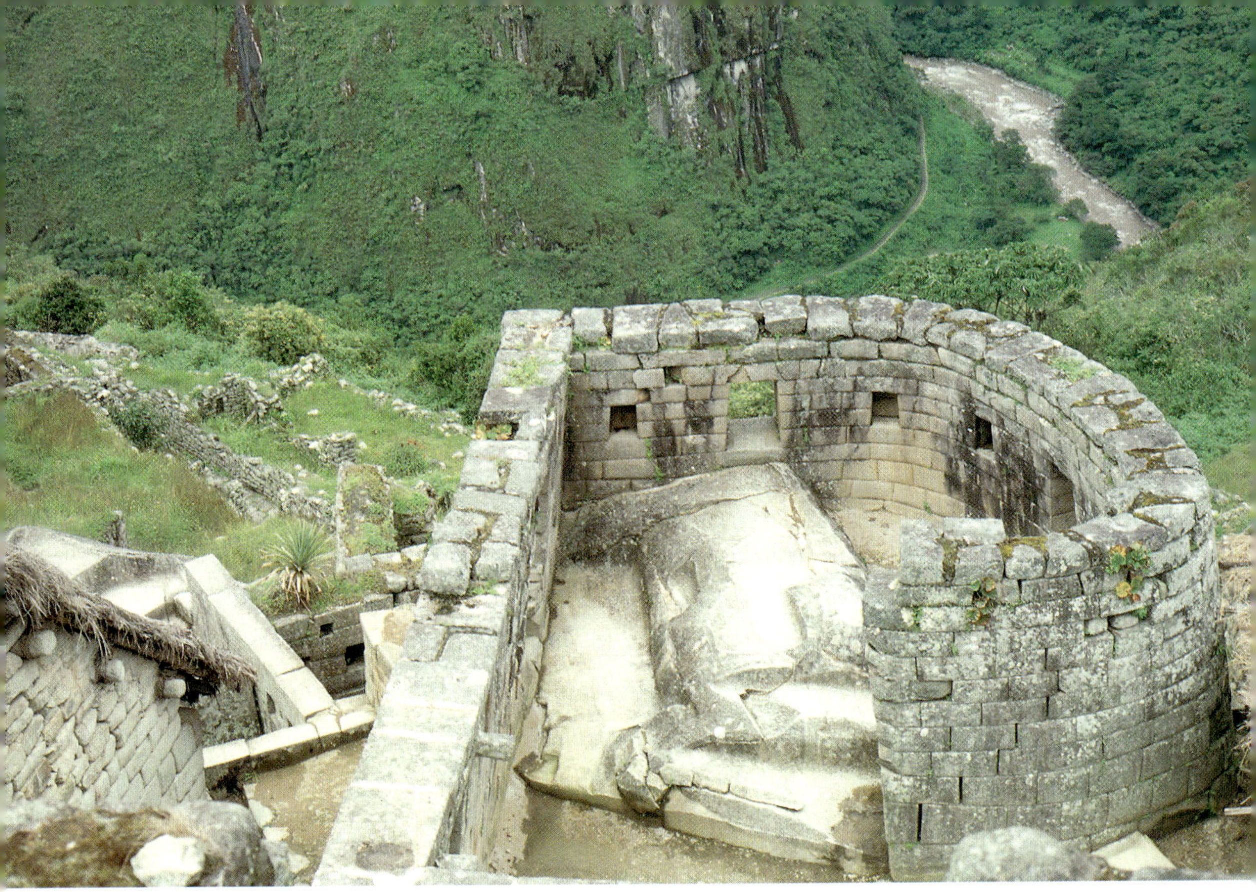

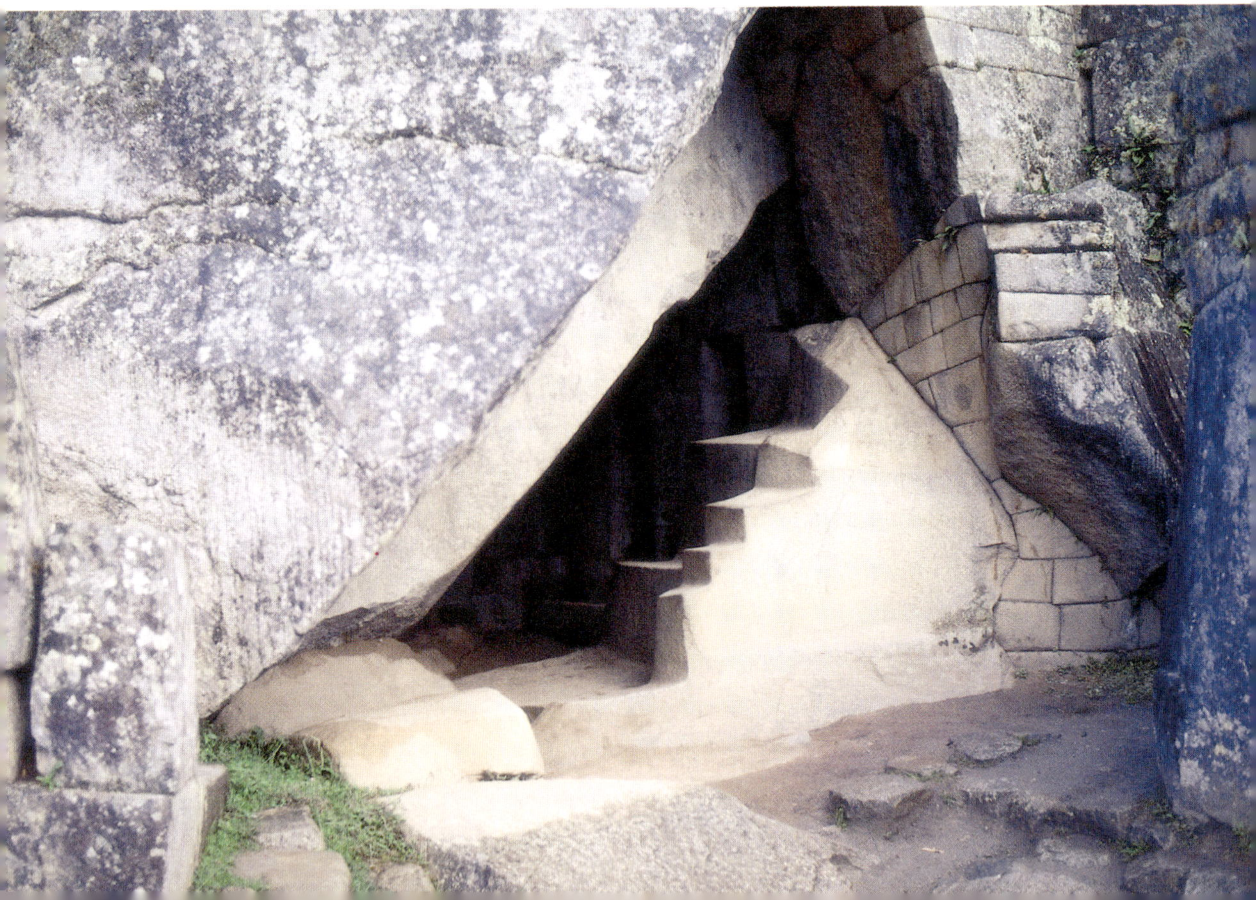

Oben:
Über sauber her-
ausgearbeitete
Leitungen rann
das Regenwasser
in größere Becken.

Unten:
Der Sonnenstein,
»Intihuatana« ge-
nannt, besteht aus
einem Stück und
ist mit dem Fels
verwachsen. Er
wurde astro-
nomisch ausge-
richtet.

Dorn, der am meisten bestaunte und fotografierte Sonnenstein mit dem Namen Intihuatana. Zu ihm gelangt man auf schmalen, steinernen Stufen, tief links unten nur noch verträumt die Silberschlange des Urubamba. Der Intihuatana wurde aus einem einzigen imposanten Felsstück herausgehauen. Der Boden und der Sonnenstein selbst sind in einem Guß miteinander verwachsen, die verschiedenen Abstufungen enden in einem eigenwilligen, rechtwinkligen Sporn, der als stummer Zeuge einer nie verstandenen Technologie seinen stumpfen Finger zum Himmel reckt. Der Block ist übrigens kompaßgenau nach den vier Himmelsrichtungen ausgerichtet. Die Diagonale quer über den Sporn teilt den Himmel in zwei gleiche Hälften und weist zu Frühjahrsbeginn präzise auf ein kleines steinernes Fenster am oberen Rand der Bergkuppe. Exakt in dieser Nische geht die Sonne auf. Das Wort »Intihuatana« bedeutet denn auch sinngemäß »Ort, der die Sonne festhält«.

Zur Zeit sind Astronomen der Universität Arizona dabei, den rätselhaften Steinblock auf seine astronomischen Bezugspunkte zu überprüfen.

Sicher ist eigentlich nur, daß die vorinkaischen Stämme nicht aus eigenem Antrieb eine Megalithstadt des Ausmaßes von Machu Picchu an die steilen Berghänge klebten. Sie hatten Lehrmeister, nämlich zwei Söhne des Schöpfergottes Viracocha, wie von dem spanischen Chronisten Cristobal de Molina überliefert wurde.[3] Die Göttersöhne unterwiesen die Menschen im Steinschneiden, im Steintransport und in der Astromonie. Später allerdings waren sie enttäuscht über die Erdbewohner, weil diese Götterfigürchen anbeteten. Sie erstatteten ihrem Vater Bericht, und der strafte die Undankbarem durch Blitz und Feuer. Immerhin versprach auch dieser südamerikanische Göttervater, dermaleinst zurückzukehren. Seitdem beobachteten die Inka angstvoll den Himmel. Jede Veränderung, jede Bewegung wurde registriert. Es ist die gleiche Wiederkunftshoffnung oder – je nachdem – Wiederkunftsangst, die bis auf den heutigen Tag in allen Religionen lebendig blieb.

Die zweite Geisterstadt schmiegt sich an die Schluchten des dreitausendfünfundfünfzig Meter hohen Cerro Corea. Der wiederum ist Bestandteil der Sierra Nevada von Santa Marta in Kolumbien.

Wie heißt diese unbekannte Stadt? Ihr Name lautet »Buritaca dos cientos« – »Buritaca 200«. Das Gebiet ist riesig. Die kolumbianischen Archäologen unter Leitung von Professor Alvaro Soto Holguin haben seit 1976 sage und schreibe zweitausend Kilometer gepflasterte Straßen und Wege durchwandert.[5] Buritaca 200 ist gut zehnmal größer als Machu Picchu und wird wie jenes als »verlorene Stadt« bezeichnet.

Es führen keine Straßen nach Buritaca, deshalb konnte ich nur im Helikopter dorthin gelangen. Schon beim Anflug bemerkte ich inmitten der

Oben:
Außerhalb der eigentlichen Stadtanlage findet man immer wieder blitzsauber bearbeitete Granitbrocken. Sie werden »Opferaltäre« genannt, obgleich ihre ursprüngliche Bedeutung niemand kennt.

Unten:
Die Dschungelstadt Buritaca ist nur im Helikopter erreichbar.

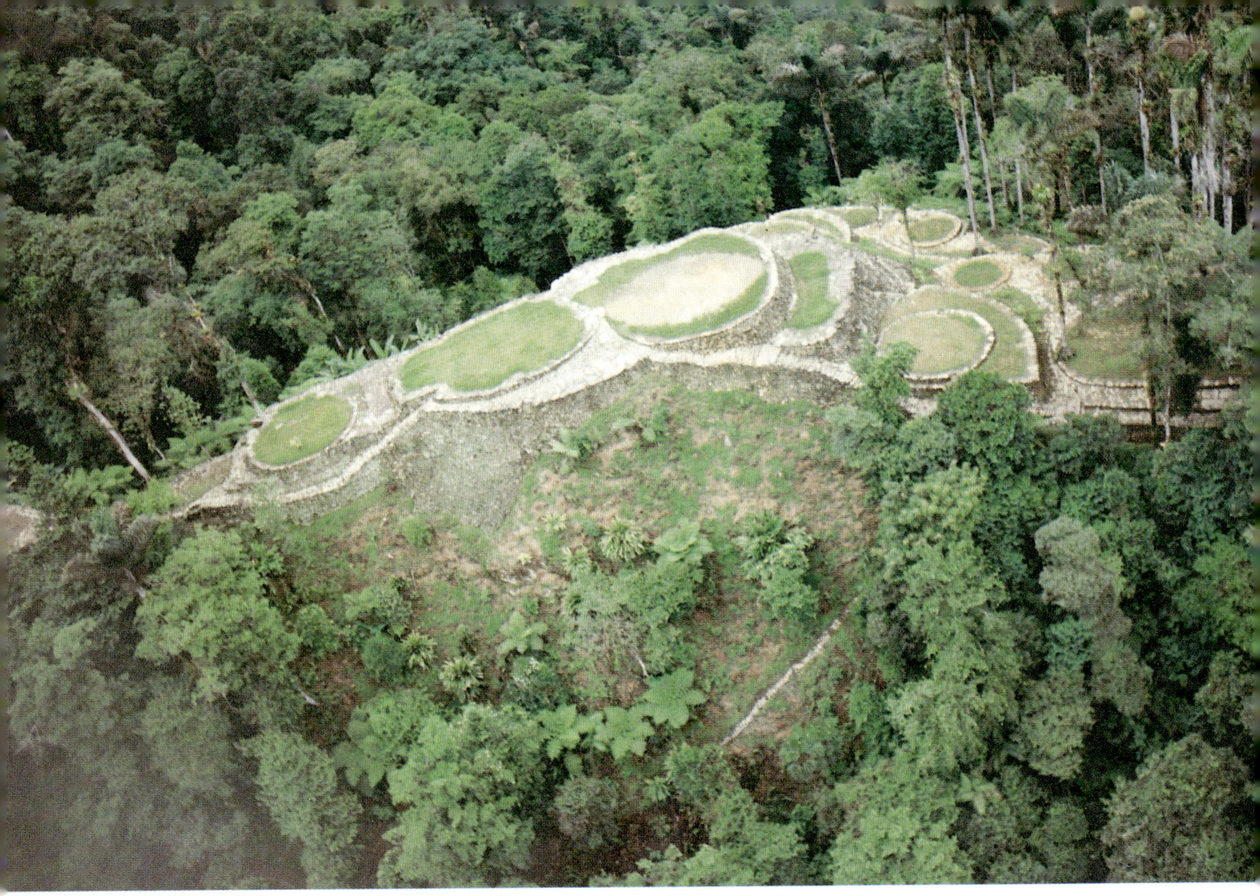
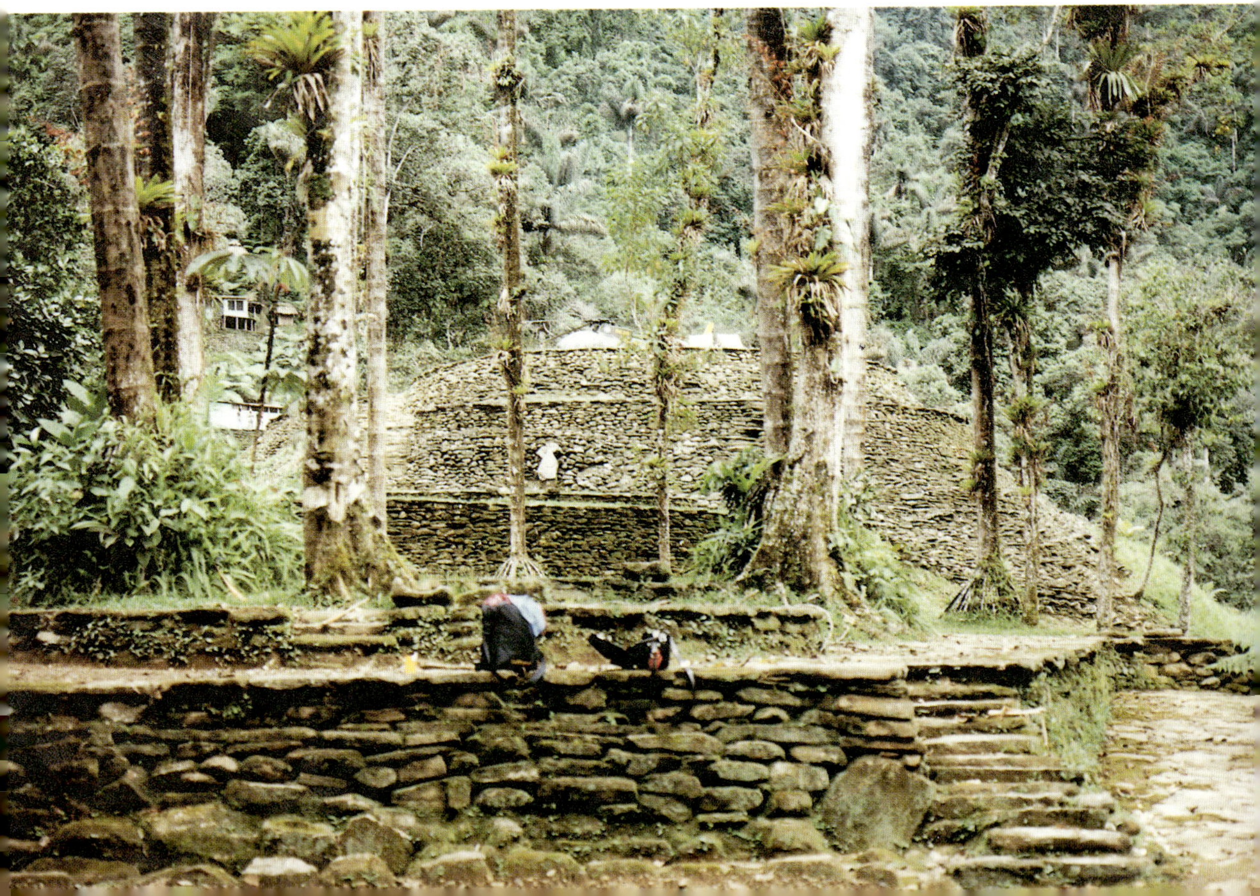

grünen Hölle unter mir so etwas wie einen Hubschrauberlandeplatz, es sah aus wie eine helle Terrasse, die sich vom grünen Kontrast abhob. Je tiefer die Maschine sank, desto mehr entpuppte sich die Terrasse als eine Art steinerner Hochzeitstorte: Eine Plattform lag über der anderen. Gespannt versuchte ich beim Anflug so viele Fotos zu knipsen wie möglich, ich ahnte, daß ich vielleicht nie mehr hierherkommen würde. Der Pilot fürchtete sich vor aufkommendem Nebel. Er setzte seine Maschine sanft auf der obersten Terrasse auf und startete gleich wieder. Sechs Stunden später wollte er mich an derselben Stelle abholen, sofern das Wetter es zuließ.

Als das Dröhnen des Helikopters verklang, begannen Affen zu brüllen, Vögel zu plappern und Tiere, die man nicht sah, zu zetern. Und überall hin folgte mir das Summen der Moskitos. Gerne wäre ich wie weiland Adam herumgelaufen, doch die widerlichen Stechmücken erinnerten mich daran, daß ich mich nicht im Paradies aufhielt. Irgendwo las ich einmal, es gäbe etwa anderthalb Millionen Insektenarten. Ein großer Teil muß sich wohl in Buritaca versammelt haben.

Vor mir tat sich eine endlose Treppe auf, die irgendwo unter Lianen versank. Als ich zurückblickte, vermutete ich, die oberste Terrasse wäre eher zufällig durch ein Auftürmen von Steinplatten zustande gekommen. Bald aber merkte ich, daß ich in einer absichtlich bizarr angelegten Landschaft stand – in einer Landschaft von Steinkreisen, geschwungenen Mauern, Ellipsen, Türmchen, Treppen und Wegen, in einem unbeschreibbaren Gewirr von Formen.

Wann immer ich Lianenvorhänge zur Seite schob, präsentierten sich neue Überraschungen, die sich bergabwärts zum Flüßchen Buritaca dehnten und aufwärts die Steilhänge erklommen. Wohin auch der Ausflug in die unverstandene Vergangenheit führte, stets wanderte ich auf künstlich geebnetem Untergrund. Die »hängenden Gärten« der Semiramis in Babylon gelten als das siebte Weltwunder der Antike. Ich plädiere dafür, Buritaca zum achten zu erklären.

Da gibt es gewaltige, präzise aufgetürmte Mauern. Zwischen deren Steine und Plattformen zwängte sich die berstende Kraft der Urwaldfauna: Steinnußbäume, Lorbeergewächse, Zedern und Farne in allen Grünvarianten. Buritaca ist heute wie ein Labyrinth, ein Irrgarten mit unübersichtlichen Kreuzungen. Wohin ich auch blickte – stets lagen andere Plattformen um mich herum. Meine ich, endlich Naturboden zu betreten, erwies sich der Untergrund als künstliche Handwerksarbeit.

Wie muß es hier vor Jahrhunderten ausgesehen haben, als die Priester auf den höchsten Terrassen ihre Götter verehrten, als das Volk zu Abertausenden auf den Plattformen stand und Rauchopfer zum Himmel aufstiegen?

In Bogotá hatte ich von Professor Soto erfahren, daß der ganzen Stadt ein riesiger Plan zugrunde gelegt sei, er wüßte nur nicht, welcher.

Linke Seite, oben:
Die obersten
Plattformen der
Stadt ragen aus
dem Urwalddach.

Linke Seite, unten
und nachfolgende
Seite, oben:
Alle Hänge Buri-
tacas sind verbaut.
Wie bei Hoch-
zeitstorten türmt
sich eine Plattform
über die andere,
verbunden durch
ein Gewirr von
Treppen.

Unten:
Eine der endlosen
Stiegen von Buri-
taca. Bis heute
sind rund zwei-
tausend Kilometer
Sträßchen und
Treppen bekannt.

Angelehnt an einen Baum, entdeckte ich einen anderthalb Meter großen Monolithen, der von den Ausgräbern dort postiert worden war. Er
zeigte ein verwirrendes Spiel von eingravierten Linien. Sollte dies der
Plan der Stadt sein?

Wer waren die Erbauer von Buritaca? Professor Soto hatte mir erläu-
tert, die heutigen Kogiindianer an der Küste und in den Tälern der Sierra
Nevada seien Nachfahren der Tairona. Doch das Wort »Tairona« ist
grotesk, weil die so Bezeichneten sich selbst anders nannten. Erst die
Spanier gaben den hier lebenden Indianern diesen Namen, denn »Tairo«
heißt soviel wie »Metall gießen«, und das war es ja, was die Eroberer von
den Indios wollten.[6] Der Krieg zwischen den Eingeborenen und den
Spaniern dauerte in diesem Gebiet rund hundert Jahre, doch letztlich
hatten die Indios mit ihren Wurfsteinen, Holzkeulen, Speeren und vergif-
teten Pfeilen keine Chance gegen die spanische Übermacht. Die sogenannte Taironakultur ging unter, wurde vergessen; der Dschungel
schluckte die einst blühenden Felder, Siedlungen und Städte.

Die von den Spaniern als »Taironaindianer« bezeichneten Menschen
gehörten in Wirklichkeit zum Volk der Kagaba – heute nennt man sie
vereinfacht Kogi. Mit ihnen hat sich Professor Reichel-Dolmatoff jahrelang und intensiv befaßt.[7, 8] Er fand heraus, daß alle Kogibauten nur mit
den Zusammenhängen im Weltall begriffen werden können. Wurde eine
Terrasse, ein Haus oder ein Tempel errichtet, so geschah dies in Relation
zu kosmischen Gegebenheiten, zu den Gestirnen und zum Kalender.

Das Universum galt bei den Kogi als eiförmiger Raum, der durch
sieben Punkte bestimmt wird: Norden, Süden, Westen, Osten, Zenit,
Nadir (den Punkt, der dem Zenit gegenüberliegt) und schließlich den
Mittelpunkt des Ganzen. Innerhalb des so definierten Raumes liegen
neun Schichten, neun Welten, von denen die mittlere Schicht, die fünfte,
unsere Welt darstellt. Nach diesem Muster sind alle Tempel, Terrassen
und Bauten der Kogi ausgerichtet.

Die Kogihäuser hatten Eiform, wobei sich die Erbauer vorstellten, je
vier Schichten des Eies lägen unter beziehungsweise über der Erde und
auf der mittleren Schicht, der fünften, existierten wir. Männer und Frauen
lebten getrennt. Jede Kogigemeinschaft hatte ein eiförmiges Männerhaus,
aus dessen Dach ein mächtiger Pfahl wie eine Fahnenstange gegen den
Himmel ragte. Schräg gegenüber erhob sich das eiförmige Frauenhaus,
aus dessen Dachfirst zwei gekreuzte Balken stießen.

Nun waren die Häuser astronomisch derart ausgerichtet, daß exakt am
21. März, dem Beginn des Frühjahrs, der Pfahl vom Dach des Männerhauses einen langen Schatten auf den Boden warf und sich schließlich bis
zu den gekreuzten Schatten des Frauenhauses vorschob. Der Phallus
dringt in die Vagina – Symbol des Frühlings –, der Same soll in die Erde
gelegt werden.

NORD-OSTEN   NORD-WESTEN

ERDE

SÜD-OSTEN   SÜD-WESTEN

Im Inneren eines Kogitempels hing vom Dachpfahl ein dickes Seil durch die vier kosmischen Schichten hinunter bis zur fünften, dem Erdboden. Die Oberpriester der Kogi waren überzeugt, dank diesem Seil in direktem Kontakt zu ihren kosmischen Lehrmeistern zu stehen. Bereits 1926 veröffentlichte der Wiener Professor Theodor K. Preuß einen Mythos der Kogiindianer.[9] Dort ist nachzulesen, einst sei die Menschheit von einer fürchterlichen Flut heimgesucht worden, worauf ein Priester ein Zauberschiff gebaut habe, dem alle Arten von Tieren anvertraut worden seien. Nach der Flut habe sich dieses Schiff auf dem Bergkamm der Sierra Negra niedergelassen. Nachdem alles Böse zugrunde gegangen sei, seien sowohl die Priester als auch die älteren Brüder vom Himmel herabgestiegen. In allen Tempeln hätten sie die Erinnerung an jene kosmischen Kontakte wachgehalten.

Es gibt seltsame Parallelen: Der Mythos der Kogi behauptet, alle seien vom Himmel zur Erde zurückgekommen. In der sumerischen Königsliste, die aus einem völlig anderen geographischen Raum stammt, ist nachzulesen: »*Nachdem die Flut darüber hinweggegangen war, stieg das Königtum abermals vom Himmel hernieder.*«[10] Ähnlich klingt es im Gilgameschepos, das davon berichtet, nach der Flut seien die Götter zur Erde herabgekommen. Es gäbe mehr dieser Gemeinsamkeiten.[11]

Wer hat eigentlich noch den traurigen Mut, bei solchen Parallelen von zufälligen Übereinstimmungen zu reden? Die jahrtausendealten Wirklichkeiten sind bei den weit voneinander entfernten Völkern nicht auf dem eigenen Mist gewachsen. Als die Menschheit noch jung war, gab es globale Gemeinsamkeiten: jene der Sintflut und jene der himmlischen Lehrmeister, der Gesetzgeber aus dem Universum.

Bibliographie

1 Müller, Reinhold: Die Märchen des Hiram Bingham. Aus: Kosmische Spuren, hg. von Erich von Däniken. München 1988.
2 Disselhoff, Hans-Dietrich: Das Imperium der Inka und die indianischen Frühkulturen der Andenländer. Berlin 1972.
3 Molina, Cristobal de: Relacion de las fabulas y ritos de los Incas. Santiago 1913.
4 Betanzons, Juan de: Suma y narracion de los Incas. 5 Bde. Madrid 1880.
5 Soto Holguin, Alvaro: Buritaca 200 (Ciudad Perdida). Bogotá o. J.
6 Bischof, Henning: Die spanisch-indianische Auseinandersetzung in der nördlichen Sierra Nevada de Santa Marta (1501–1600). Bonn 1971.
7 Reichel-Dolmatoff, Gerardo: Die Kogi in Kolumbien. Aus: Bild der Völker, Band 5. Wiesbaden o. J.
8 Reichel-Dolmatoff, Gerardo: Templos Kogi – Introduccion al simbolismo y a la astronomia del espacio sagrado. Aus: Revista Colombiana de Antropologia, Vol. XIX. Bogotá 1975.
9 Preuß, Theodor K.: Forschungsreise zu den Kagaba. Wien 1926.
10 Däniken, Erich von: Prophet der Vergangenheit. Düsseldorf 1979.
11 Schmidtke, Friedrich: Der Aufbau der Babylon. Chronologie. Münster 1952.

Linke Seite, oben: Bei den Kogiindianern galt der Kosmos als eiförmiger Raum, der durch sieben Punkte bestimmt wird: Norden, Süden, Westen, Osten, Zenit, Nadir und den Mittelpunkt. Innerhalb dieses Raumes liegen neun Schichten, neun Welten, von denen die mittlere Schicht unsere Welt darstellt.

Linke Seite, unten: Männer- und Frauenhaus sind astronomisch so ausgerichtet, daß bei Frühjahrsbeginn am 21. März der Pfahl des Männerhauses seinen Schatten in jenen von zwei gekreuzten Balken des Frauenhauses wirft.

9. Kapitel

Raumfahrt im Altertum

Flugwagen im alten Indien – Einst kreisten Weltraumschiffe um die Erde – Kuriose Verbindungen zwischen Ost und West – Die Räder der Maya – Rollsiegel und Götter – Der Hauptmann und der Graf – Palenque wird weltbekannt – Das Denkmal unter der Pyramide – Motorrad für die Außerirdischen

In einem Kapitel des ersten Buches erwähnte ich altindische Texte, in denen klipp und klar über fliegende Fahrzeuge berichtet wird. Dabei nannte ich die indischen Epen *Ramayana*[1] und *Mahabharata*[2], doch ist dies nur der Anfang. Auch im *Rigveda*[3] werden Flugwagen beschrieben, die äußerst komfortabel waren. Man konnte mit ihnen überallhin fliegen, auch über die obersten Wolkenschichten hinaus ins Weltall. Zur Bedienung dieser Flugwagen waren mindestens drei Personen notwendig. Sogar die Treibstoffarten werden beschrieben, ärgerlich ist nur, daß mehrere Worte für diese Mischflüssigkeiten sich heute nicht mehr übersetzen lassen. Ausdrücklich wird im *Rigveda* festgehalten, diese Fahrzeuge hätten sich am Firmament »ohne irgendwelche Zugtiere« bewegt. Wenn das Himmelsgefährt sich aus den Wolken herabsenkte, versammelten sich am Boden große Menschenmengen, um der Landung beizuwohnen.

Im ersten Buch des *Rigveda*, Kapitel 46, Vers 4, sind sogar unterschiedliche Flugwagen erwähnt, die für verschiedene Hilfseinsätze verwendet wurden. Da gab es Rettungsoperationen aus dem Wasser, aus Höhlen, aus feindlichen Schlachtordnungen heraus und sogar aus Folterkammern.

Im Gegensatz zum *Rigveda* findet man im *Ramayana* Flugapparate, die vorne spitz zuliefen, sich außerordentlich schnell bewegten und einen Rumpf aufwiesen, der wie Gold glänzte. Diese himmlischen Vehikel enthielten verschiedene Kammern und waren mit kleinen, perlenbesetzten Fenstern ausgestattet. Im Inneren befanden sich reichdekorierte Räume. Die im *Ramayana* beschriebenen Luftfahrzeuge konnten zwölf Personen transportieren. Ein Beispiel ist geschildert, da startete ein derartiger Flugapparat am Morgen in Lanka (dem heutigen Sri Lanka) und erreichte Ayodhaya am Nachmittag. Es gab zwei Zwischenlandungen, nämlich in Kiskindhya und Vasisthasrama. Damit bewältigte das Fahr-

Seite 131, mit den großen Augen und dem Elefantenrüssel, der muß ja aus Indien stammen, denn in Zentralamerika gibt es keine Elefanten. Wirklich nicht? Die Skulptur wird ebenfalls in Copan gezeigt, und Wesen mit Elefantenrüsseln fotografierte ich auch auf dem Monte Alban in Mexiko.

Das Düsenzeitalter hat die Welt schrumpfen lassen. Was ehedem isoliert war, paßt plötzlich zusammen. Die Pyramidentürme auf der linken Seite, die aus dem Dschungeldach von Tikal im heutigen Guatemala ragen, könnten genausogut in Indien stehen. Da wie dort steile Pyramiden mit kleinen, terrassenartigen Abstufungen. Da wie dort symbolisieren die Treppen den schweren Gang zum Firmament. Da wie dort wurde auf der obersten Plattform der Lehrmeister aus dem Weltall erwartet, um ihn schließlich in einer feierlichen Prozession die Stufen hernieder zu den Menschen zu geleiten. Die indischen Götterfratzen und Götterskulpturen gleichen in vertrackter Weise denen aus Zentralamerika. Jeder Fachmann weiß, daß die zentralamerikanischen Maya in ihren Steinplastiken stets wieder Tiersymbole verwendeten, um die Kraft, die List, die Schlauheit oder auch das Fliegen jener unverstandenen Götter auszudrücken. Nichts anderes taten die alten Inder – und sie tun es bis heute.

Ich hatte das Glück, einigen indischen Professoren Bilder aus Zentralamerika zu zeigen und umgekehrt dem einen oder anderen Archäologen

Linke Seite:
Auch die steilen Stupfenpyramiden der Maya – hier ein Beispiel aus Tikal, Guatemala – ähneln sowohl im Aufbau der neun Hauptstufen als auch in ihrer Architektur und ihren Kunstwerken denjenigen in Indien.

133

in Mittelamerika Bilder von indischen Tempelstrukturen unter die Nase zu halten. »Verblüffend, diese Formenverwandtschaft«, sagte man mir, und es müßten wohl geistige Bande zwischen den weit voneinander entfernten Völkern bestanden haben.

Ich sehe die Verwandtschaft weniger »geistig«, denn mit psychologischen Deutungen kann man – je nachdem, ob daran geglaubt wird – alles bewerkstelligen. Mein Glaube an die psychologischen Erklärungen ist längst erschüttert.

In klugen Büchern las ich, die Maya hätten das Rad nicht gekannt; später wurde korrigiert, sie hätten es zwar gekannt, aber nicht verwendet. Als Globetrotter zwischen den Kulturen fand ich auf den Trümmerhalden der Mayazivilisation Räder noch und noch: zum Beispiel auf den achtlos weggeräumten Müllhaufen von Tikal halbe Räder mit eindeutigen Radnaben. In Copan sah ich in Stein geschlagene Zahnräder, wie wir sie kaum besser herstellen könnten, oder im Anthropologischen Museum von Mexico City Kinderspielzeuge mit Rädern und andere Radmotive, die bestimmt nicht nur als Freizeitbeschäftigung erdacht waren.

Daß die alten Inder eine Vielzahl von unterschiedlichen Flugapparaten in allen Einzelheiten beschrieben, kann niemand, der die Texte kennt, ernsthaft bestreiten. Und in Zentralamerika? Die Mythen jener Völker reden doch auch von herniederfliegenden Göttern, sie zeigen diese behelmten Wesen, die von den Wolken fahren, in einer Vielzahl von Darstellungen.[9–12] Die Verwandtschaft zwischen Indien und Zentralamerika kann nicht nur geistiger Art gewesen sein – hier muß, lange bevor die Geschichtsschreibung begann, ein Kulturkontakt stattgefunden haben. Weshalb sträuben wir uns eigentlich gegen die Behauptung, einst hätten allmächtige Wesen in riesigen Flugschiffen Tausende von Menschen von einem Kontinent zum anderen befördert? Unser geschichtliches Weltbild wurde von fleißigen und integren Spezialisten zementiert, Spezialisten allerdings, die stets unter sich blieben. Es fehlte der vergleichende Blick um den Erdball.

Ein Sprung ins alte Sumer, ins Land zwischen Euphrat und Tigris, beweist die globale Verwandtschaft des Fluggedankens in vorgeschichtlicher Zeit.

Um 3000 vor Christus, als Europa noch in der Jungsteinzeit vor sich hindöste, ließen sich die Sumerer die Kunst einfallen, Rollsiegel herzustellen. Das waren Stempel von einem bis sechs Zentimeter Länge, längliche Zylinder, innen hohl, doch außen mit künstlerischen Darstellungen verziert. Die Besitzer trugen diese Siegel an einer Kette um ihren Hals. Man rollte sie auf Tongefäßen ab, stempelte Urkunden oder quittierte mit ihnen Abgaben an die Tempel. Diese Rollsiegel zeigen mythologische Gestalten und Symbole. Zwitterwesen, Fabeltiere, Kugeln am Himmel

Rechte Seite:
Zu den ältesten
Kunstwerken der
Menschheit zäh-
len die sumeri-
schen Rollsiegel.
Immer wieder
werden fliegende
Barken dargestellt
oder mißgedeutete
Götter mit Hel-
men und Plane-
tensystemen.

und undefinierbare Göttergestalten in seltsamen Anzügen. Diese wurden oft mit Fischschwänzen abgebildet und mit Helmen auf dem Kopf. Andere Gestalten wiederum präsentieren sich mit Planetensystemen im Hintergrund und Sternen über den Häuptern.

Die Fachleute sind der Ansicht, alle diese Darstellungen seien Abstraktionen.[13, 14] Ich halte diese Lehrmeinung für nicht besonders geistreich. Die Abstraktion ist schließlich eine sehr fortgeschrittene Form der Kunst. Sind also somit die ältesten Kleinstdenkmäler der Menschheit gleich in der fortgeschrittensten Kunstform gestaltet worden? Und natürlich – wie könnte es anders sein? – finden sich auf den Rollsiegeln ganz deutlich Fahrzeuge am Firmament, eingezeichnet über dem Mond. Diese Art sumerischer Vimanas beförderte gleich drei Personen.

Die schönste Darstellung eines fliegenden Wesens in seinem feuerspeienden Ungetüm fand ich in der Mayastadt Palenque. Die liegt auf der Halbinsel Yukatan in Mexiko und ist heute bequem auf asphaltierten Straßen erreichbar. Es gibt dort sogar ganz passable Hotels. Die Stadt ist einzigartig, denn heute noch türmt sich das Erdreich über viele Tempel und Pyramiden. Was man ausgegraben hat, ist jedoch schon sensationell genug.

Palenque wurde schon vor zweihundert Jahren von verschiedenen Reisenden entdeckt, beschrieben und sogar gezeichnet. Bereits im Mai 1787 erreichte ein spanischer Hauptmann namens »del Rio« mit seiner geschundenen Truppe das Ruinenfeld.[15] »Del Rio« brauchte zwei Wochen, um die überwucherten Ruinen einigermaßen zu sichten und Schneisen durch das dichte Buschwerk zu schlagen. Dann stand er mitten auf einer Lichtung und blickte gebannt auf die Überreste eines Palastes, eines Irrgartens von Räumen und ineinanderverschachtelten Höfen. Grimmige Gesichter starrten die Eindringlinge aus dem Stuck der Wände an, die mit vielen Schriftzeichen und mysteriösen Figuren regelrecht übersät waren. Hauptmann »del Rio« war nicht zimperlich. Rücksichtslos ließ er einige Tempelböden aufreißen. Sein rabiates Verhalten von damals jagt den Archäologen heute noch eine Gänsehaut über den Rükken.

Im Jahre 1822 erschien in London sogar ein kleines Büchlein über Palenque, doch niemand interessierte sich dafür. Die Welt nahm von den Entdeckungen im fernen Mexiko keine Notiz – mit einer Ausnahme! Die Abhandlung über Palenque geriet in die Hände des etwas verrückten, aber liebenswürdigen Grafen Jean-Frédéric von Waldeck. Der war von den Schilderungen begeistert, er mußte hin. Im Namen der mexikanischen Regierung bat Waldeck die in Palenque ansässigen Indios, ihm bei der Freilegung der Ruinen zu helfen. Doch die Indios wollten Geld sehen. Die ferne Regierung scherte sie einen Dreck. Armer Graf Waldeck! Total pleite, gab er dennoch nicht auf. Tag für Tag saß er in der

dampfenden Schwüle, sintflutartigen Wolkenbrüchen und stechwütigen Insekten ausgeliefert, und hielt sein Zeichenbrett auf den Knien. Noch heute wird der Bau, in dem Graf Waldeck hauste, liebevoll-spöttisch »Tempel des Grafen« genannt.

Von Waldecks Skizzen überlebten lediglich einundzwanzig Stück. Die bekam im damaligen London ein anderer hervorragender Zeichner und Maler zu Gesicht: Frederick Catherwood. Dieser tat sich mit dem amerikanischen Rechtsanwalt John Stephens zusammen, einem bekannten Reiseschriftsteller. Catherwood und Stephens erreichten die Mayastadt Palenque im Jahre 1840. Es erging ihnen wie ihren Vorgängern. Der Urwald tropfte und dampfte, die unter dichtem Dschungel und Moosen verborgenen Tempelreste vermochten sie anfänglich nicht zu finden. Catherwood und Stephens bezogen schließlich in derselben Ruine Quartier, die bereits Graf Waldeck als Unterkunft gedient hatte.

Der Zeichner und der Reiseschriftsteller entdeckten nach und nach Pyramiden und wunderbare Götterfiguren, die in mehreren Farben leuchteten. Sie stießen auf Dämonenfratzen und zartgliedrige Gestalten, dann wieder auf grimmige Gesichter und Hunderte von unverständlichen Schriftzeichen. In humorvollem Plauderstil verpackt, lieferte Stephens Beweise seines Sachverstands und seiner Beobachtungsgabe.[16] Und Frederick Catherwood illustrierte die wohlgesetzten Worte mit präzisen

Oben und nach-
folgende Seite,
oben:
Die verschiedenen
Tempel der Maya
wurden wie hier
in Palenque einst
von hohen Auf-
bauten bekrönt.
Niemand weiß,
wozu sie dienten.

137

Unten:
Ist auch hier eine
uralte Technik der
Götter mißver-
standen worden?
Hatten die ur-
sprünglichen
Maya Antennen
gesehen und
glaubten nun, mit
ihren Imitationen
die Götter herbei-
rufen zu können?

Rechte Seite:
Unter dieser Pyra-
mide von Palen-
que wurde die
berühmte Grab-
platte entdeckt.

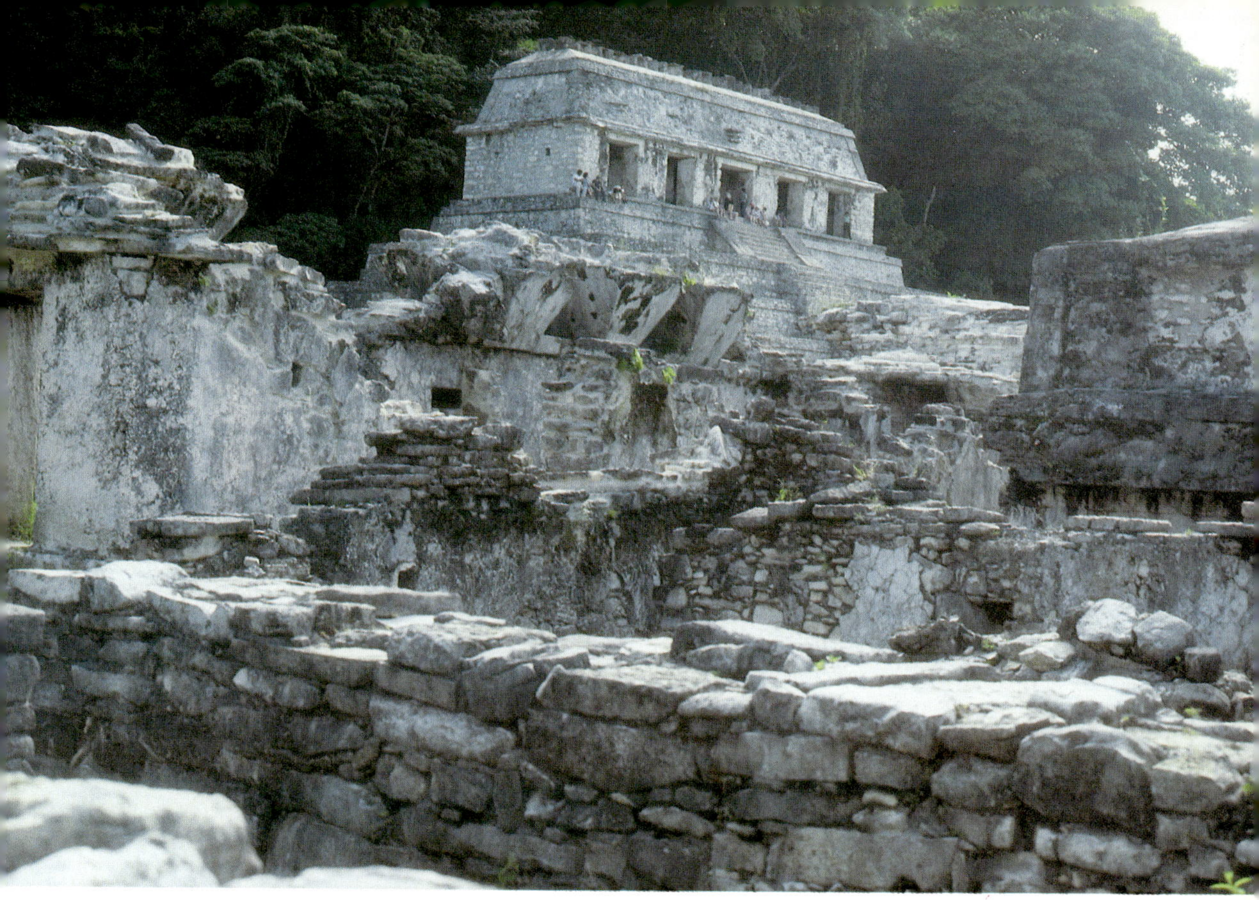

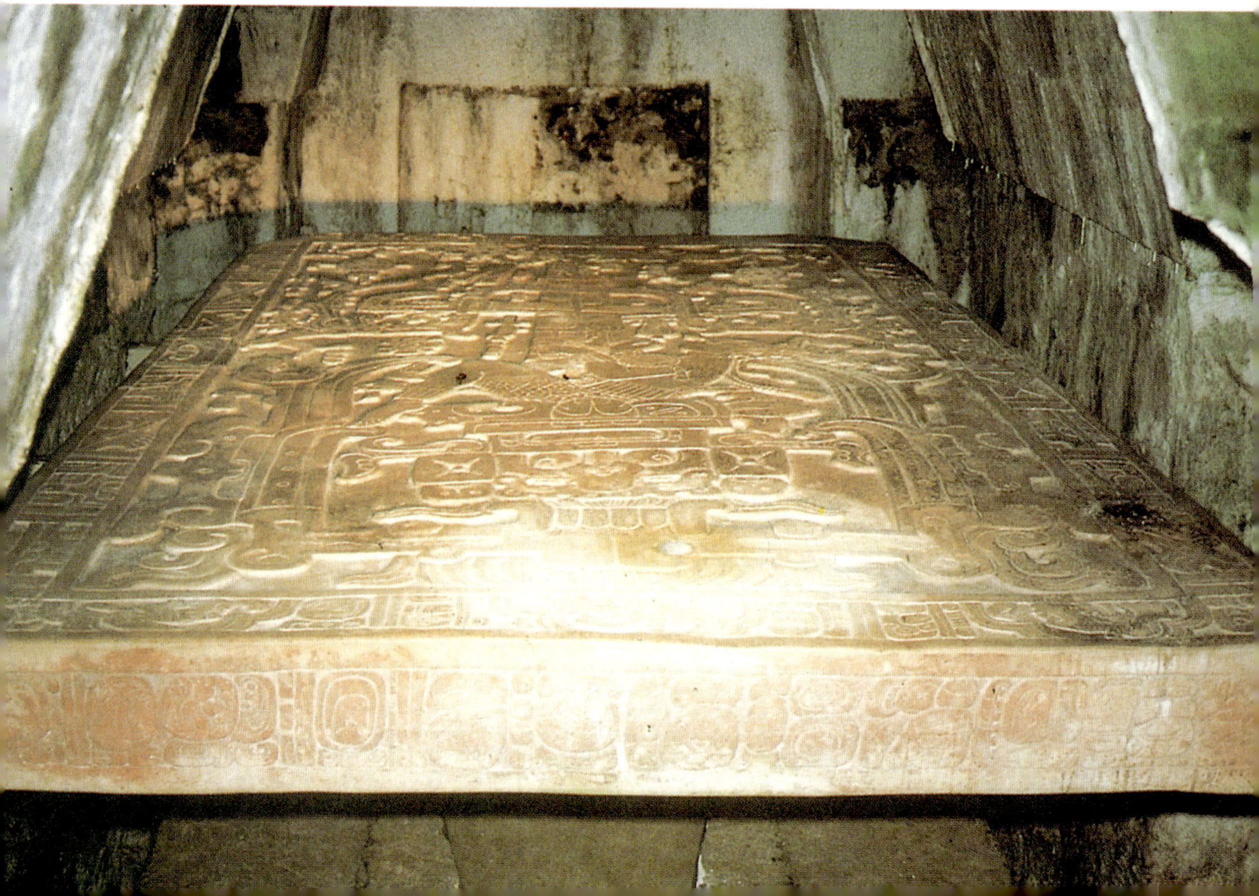

Darstellungen auf dem Zeichenblatt. Diese Bilddokumente sind bis heute unersetzlich geblieben, weil die in feinen Strichen herausgearbeiteten Details von keiner Fotografie erreicht werden. Die beiden Bücher von Catherwood und Stephens wurden von der Öffentlichkeit mit Begeisterung aufgenommen. Endlich begann man, sich um die Ruinen in den Urwäldern Zentralamerikas zu kümmern.

Auch heute ist Palenque, wie gesagt, nur zum Teil ausgegraben. Jedoch wurde in den vierziger Jahren der eindrucksvolle Komplex freigelegt, den man »El Palacio« nennt. Die Anlage steht auf mehreren Plattformen, die ihrerseits in diverse Räume und Höfe unterteilt sind. An den Pfeilern prunkten einst Reliefs, die inzwischen nur noch bruchstückhaft erhalten sind. Ein Mayajüngling trägt Rollschuhe – was von den Fachleuten milde belächelt wird. Es seien keine Rollschuhe, wird argumentiert, sondern Sandalen, und die kleinen Kügelchen darunter symbolisierten die Zahl Vier. Ich will mich nicht darüber streiten, ob es sich um Rollschuhe oder Zahlenglyphen handelt – doch habe ich Augen im Kopf, um zu sehen.

Die Hopi in Arizona behaupten in ihrer Überlieferung, Palenque sei eine Stadt ihrer Vorfahren gewesen. Damals habe sie Palatquapi geheißen und sei so etwas wie eine Universitätsstadt gewesen (siehe Seite 15). Lehrmeister seien die Katchinas, aus dem Weltall herniedergestiegene Gottheiten, gewesen.[17]

Neben dem sogenannten Palast gibt es in Palenque verschiedene Tempelpyramiden, die heute allesamt seltsame Namen tragen. Da ist der Tempel des Kreuzes oder der Tempel des Blattkreuzes, dann der Tempel der Sonne und der Tempel der Inschriften. Alle diese Namensgebungen stammen aus *unserer* Zeit, wir wissen nicht, wie die Erbauer ihre Heiligtümer bezeichneten.

Die sensationellste Entdeckung glückte gegen Ende der vierziger Jahre dem mexikanischen Archäologen Dr. Alberto Ruz Lhuillier. Er bemerkte auf der obersten Plattform des Tempels der Inschriften eine erhöhte Fuge im Boden und schließlich ein Rechteck, in dem zwölf Löcher in Zweierformationen nebeneinanderlagen. Dr. Ruz ließ Hebel heranschaffen und eine schwere Bodenplatte heraushieven. Man gelangte zu einer Stufe und schließlich in ein Treppenhaus, das tief ins Innere der Pyramide führte. Damals allerdings, zur Zeit der Entdeckung, war dieses Treppenhaus bis obenhin mit Schutt und Steinen aufgefüllt. Irgendwer schien irgend etwas in der Tiefe der Pyramide versteckt zu haben.

Die Freilegung der Stiege dauerte von 1949 bis 1952. Endlich stand der Ausgräbertrupp vor einer dreieckigen Tür. Nachdem diese eine Handbreit zurückgewuchtet worden war und man eine elektrische Lampe in den Spalt geschoben hatte, preßte Chefausgräber Dr. Ruz sein Gesicht auf die feuchte Platte und schilderte den hinter ihm stehenden Kollegen, was er sah. Ich zitiere aus seinem Grabungsbericht:[18]

In Palenque, Mexiko, tragen diese Schnelläufer Rollschuhe. Dabei sollen die Maya das Rad nicht gekannt haben.

Auf der großen Steinplatte von 3,80 auf 2,20 Meter ist ein Wesen eingemeißelt, das eindeutig an mißverstandene Technologie erinnert.

»Ich blickte in eine Art von Eisgrotte, deren Wände und Decke mir vorkamen wie perfekte Flächen, von deren Decke ganze Vorhänge von Stalaktiten hingen, als ob es dicke, tropfende Kerzen wären. Und der Boden glitzerte wie Schneekristalle.«[18]

Nach dem endgültigen Öffnen der steinernen Tür wurden die Tropfsteine von der Decke geschlagen. Nun standen die Ausgräber in einem unterirdischen Raum von neun Meter Länge, vier Meter Breite und sieben Meter Höhe, zwei Meter unter der Basis der Pyramide. Der größte Teil des Bodens wurde von einem mächtigen Monolithen eingenommen, einem einzigen Steinblock also, 3,80 Meter lang, 2,20 Meter breit und 23 Zentimeter dick. Der Klotz wiegt schätzungsweise neun Tonnen.

Auf dem Block ist eine einzigartige Reliefdarstellung eingemeißelt. Dr. Ruz meinte, die Reliefs zeigten einen jungen Indio, der auf einer großen Maske des Erdmonstrums sitze. Über seinem Körper stehe ein Kreuz, wie man es auch in anderen Tempeln von Palenque findet. Schließlich erkannte Dr. Ruz den Quetzalvogel und die Maske des Regengottes, dazu diverse Schriftzeichen mit Namen von Herrschern und einige Datierungen. Insgesamt gebe das Kunstwerk Szenen aus der Mayareligion wieder.

Mir sind sämtliche Lehrmeinungen zu diesem Relief vertraut. Ich weiß, daß heute gesagt wird, es handle sich um den Maisgott Yum Kox oder um

Pacal, den letzten Mayafürsten von Palenque. In den Lehrbüchern der vergangenen zwanzig Jahre tauchen die verschiedensten Ideen zu dieser Darstellung auf. *Ich* erkenne nach wie vor so etwas wie einen Auspuff, aus dem Feuer, Gase oder meinetwegen heiße Luft entströmen. Dann folgt eine Art Schlitten oder Kapsel, und mitten darin die menschliche Gestalt. Sie ist vornübergeneigt und bedient mit beiden Händen irgendwelche Geräte. Die Figur hat nackte Füße, und die linke Ferse liegt auf einem Raster mit drei Abstufungen. Schließlich erkenne ich noch einen Schlauch vor der Nase des Wesens und ganz vorne einen Hauptbalken. Es dürfte alles in allem die prächtigste in Stein gemeißelte Darstellung eines fliegenden Lehrmeisters sein, die mir je unter die Augen gekommen ist.

Sicher betrachte ich die Dinge nicht aus dem Blickwinkel des Fachmanns heraus, doch auch dies hat seine Vorteile. Ich kombiniere meine Denkanstöße aus der globalen Archäologie und einer globalen Mythologie. Und im übrigen halte ich es mit dem Propheten Hesekiel aus dem Alten Testament, der schrieb:

»Ihr Menschen habt Augen um zu sehen – und seht doch nichts!«

Bibliographie

1 Rajagopalachari, C.: Râmâyana. Bombay 1975.
2 Roy, Chandra Protap: The Mahabharata, Drona Parva. Calcutta 1888.
3 Kanjilal, Dileep Kumar: Vimanas in Ancient India. Calcutta 1985.
4 Josyer, G. R.: Vymaanila-Shaastra or Science of Aeronautics. Mysore 1973.
5 Laufer, Berthold: The Prehistory in Aviation. In: Field Museum of Natural History. Anthropological Series, Vol. XVIII, Nr. 1. Chicago 1928.
6 Kanjilal, Dileep Kumar: Fliegende Maschinen im alten Indien. Aus: Däniken, Erich von: Habe ich mich geirrt? München 1985.
7 Ohne Autor (Vanaparvan und Sabhaparvan sind Bestandteile des Mahabharata): Vanaparvan, Verse 168, 169 und 173; Sabhaparvan, Lied 3, Verse 6–10, 168–170, Lied 9, Verse 25–61 etc.
8 Kathasaritsagar. Lambhaka 7 Ch. 43, Vss. 21–40. Aus: Däniken, Erich von: Habe ich mich geirrt? München 1985.
9 Cordan, Wolfgang: Das Buch des Rates Popol Vuh. Düsseldorf 1962.
10 Nicholson, Irene: Mexican and Central American Mythology. New York 1967.
11 Prem, Hanns J., und Dyckerhoff, Ursula: Das alte Mexiko. München 1986.
12 Makemson, Worcester M.: The Book of the Jaguar Priest. A translation of the Book of Chilam Balam of Tizimin, with commentary. New York 1951.
13 Parrot, André: Assur. Paris 1969.
14 Parrot, André: Sumer. München 1960.
15 Däniken, Erich von: Der Tag, an dem die Götter kamen. München 1984.
16 Stephens, John L.: Incidents of Travel in Central America, Chiapas and Yucatan, Band II. New York 1841.
17 Blumrich, Josef F.: Kasskara und die sieben Welten – Weißer Bär erzählt den Erdmythos der Hopi-Indianer. Düsseldorf 1979.
18 Ruz Lhuillier, Alberto: The Mystery of the Temple of the Inscriptions. Aus: Archaeology, Band VI. Cambridge/Mass. 1953.

10. Kapitel

Die Bibel auf dem Reißbrett

*Ein Augenzeuge aus dem Alten Testament – Die NASA und die Bibel –
Das Patent aus der Heiligen Schrift – Der »Mann in Erz« – Exakte
Meßdaten bei Hesekiel – Die »Herrlichkeit des Herrn« – Der Tempel
ohne Dach – Schnitzeljagd in die Zukunft – Eine Prophezeiung für
unsere Generation*

Der Gläubige von heute liest die Bibel mit anderen Augen als derjenige
vor zweihundert Jahren. Und auch damals sahen die Menschen die Bibel-
texte anders als tausend Jahre zuvor. Dies läßt sich leicht belegen, man
braucht nur die Texte in alten Bibeln mit den Übersetzungen von heute
zu vergleichen. Dabei geht es mir – und dies möchte ich sehr klarstellen –
nie um die Infragestellung von Gott. Ich bin stets ein gottgläubiger
Mensch geblieben.

Auch ist mir schon vorgehalten worden, ich demontiere die Bibel. Das
besorgen die modernen Theologen mittlerweile viel besser, als ich es je
könnte.

Eine der erstaunlichsten Überlieferungen im Alten Testament steuert der
Prophet Hesekiel (Ezechiel) bei. Er spricht in der »Ich-Form«, in der
ersten Person. Vor zweihundert Jahren galt Hesekiel unangefochten als
Prophet, dessen Wort heilig war. Inzwischen sind die Fachleute der
Ansicht, das Buch Hesekiel sei eine Mixtur aus älteren Originaltexten
und später hinzugefügten Einschüben.[1, 2, 3]

Was macht den Hesekielbericht so interessant? Gleich zu Beginn wird
geschildert, wie ein Sturmwind dahergekommen sei, umgeben von einer
großen Wolke und strahlendem Glanz. Mitten darin habe etwas geleuchtet wie Feuer. Hesekiel beschreibt vier Wesen mit geraden Beinen und
Fußsohlen, die funkelten wie blankes Erz. Jede dieser Gestalten habe vier
Flügel besessen, vermerkt der Prophetenbericht.

Schließlich sieht der Prophet glänzende Räder am Boden stehen, die
»so gearbeitet waren, als wäre je ein Rad mitten im andern Rad«. Penibel
hält der Bericht fest, daß diese Räder nach allen vier Seiten beweglich
waren, ohne sich zu wenden. Die Räder wären mit Felgen versehen
gewesen, und wenn die seltsamen Wesen mit den Flügeln vom Boden

Die »Visionen«
des Propheten
Hesekiel in alten
Bibeln.

abgehoben hätten, so seien auch die Räder von der Erde mitgeschwebt. Dann beschreibt der Prophet, die Flügel hätten einen Lärm verursacht wie tosendes Wasser. Wenn das seltsame Gebilde zum Himmel emporgestiegen sei, habe es ein Getöse erzeugt wie ein Heerlager.

Die Lutherbibel aus dem Jahre 1906 hält interessanterweise sogar fest, über der ganzen Konstruktion habe etwas gefunkelt wie ein Saphir, wie ein Stuhl, »und auf demselbigen Stuhl saß einer, gleich wie ein Mensch gestaltet«.

Ein seltsamer Bibeltext, der mich gleich von Beginn an mißverstandene Technologien erinnerte. Was hat Hesekiel – oder irgendeiner seiner Vorgänger – eigentlich gesehen? Die gläubigen Bibelleser erkennen in der Schilderung eine Vision. Das kann nicht sein, denn Hesekiel beschreibt nicht nur, was er sieht, sondern auch den fürchterlichen Lärm, den er hört. Zudem wird ihm im weiteren Verlauf des Textes etwas zu essen angeboten. Er nimmt es und fühlt sich alsogleich viel wohler.

Ein führender NASA-Ingenieur – Josef Blumrich ist sein Name – wunderte sich ebenfalls über diesen Prophetentext. Was könnte mit der Beschreibung gemeint sein? Josef Blumrich konsultierte mehrere Bibeln aus verschiedenen Jahrhunderten und setzte sich an sein Reißbrett. Dabei hielt er sich exakt an Hesekiels Bericht und begann aus dem Wissen eines

Ausführlich beschreibt Hesekiel die Räder mitsamt den Felgen. Er schreibt, es habe ausgesehen, als wäre je ein Rad mitten im anderen Rad, und sie konnten nach allen vier Seiten gehen, ohne sich im Drehen zu wenden.

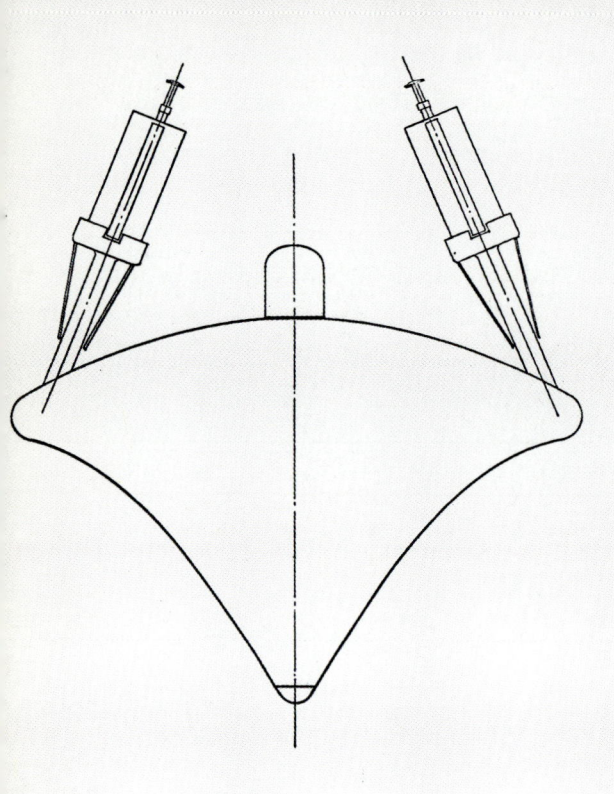

Oben links:
Die Rekonstruk-
tion des Hesekiel-
textes ergab ein
Zubringerschiff,
das von einem
Mutterraumschiff
ausgeschleust
wird. Außerhalb
der Atmosphäre
sind die Helikop-
tereinheiten nach
oben geklappt.

Oben rechts:
Josef Blumrich
war viele Jahre
der Chefingenieur
der Konstruk-
tionsabteilung bei
der NASA in
Huntsville, USA.

Unten:
Die Rekonstruk-
tion nach Blumrich.

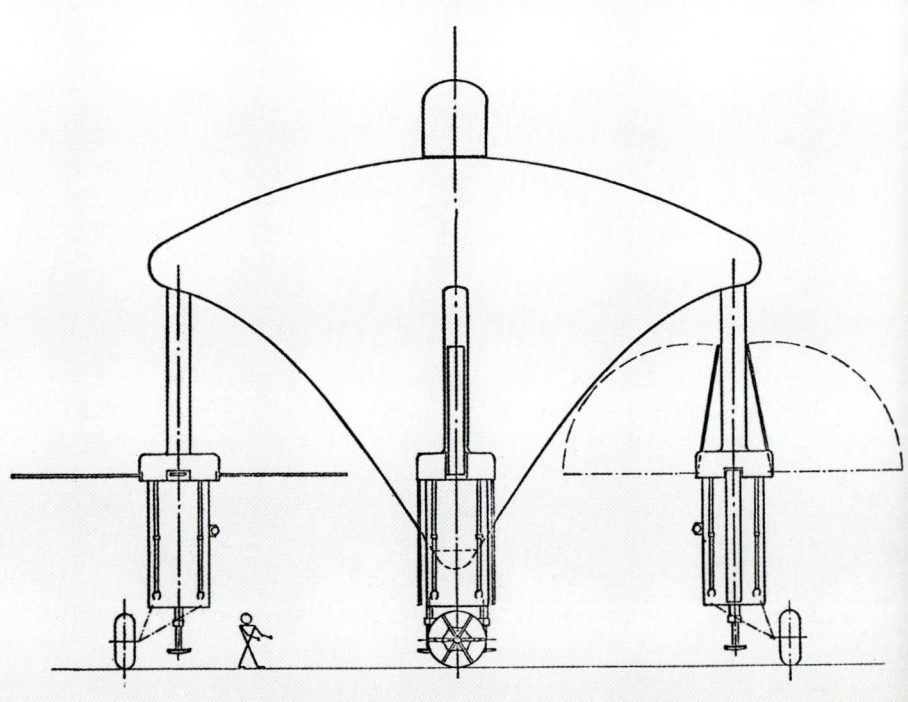

Raumfahrtkonstrukteurs heraus die Beschreibung zeichnerisch nachzuvollziehen.[4]

Der Hauptkörper hatte die Form eines Kinderkreisels. Oben befand sich der Kommandostand mit Rundumsicht. Das war es, was der Prophet als »Saphir« mit etwas wie einem Thron darin bezeichnete.

Innerhalb der Erdatmosphäre bewegte sich dieser Körper mit Hilfe von vier fest montierten Helikoptereinheiten. Die Rotorenblätter bezeichnete der Prophet Hesekiel als »Flügel«, die den fürchterlichen Lärm, vergleichbar dem Tosen vieler Wasser, vollführten. Schließlich sind da die geraden Beine mit den Landetellern, die für Hesekiel glitzerten wie blankes Erz.

Das Ganze war selbstverständlich kein Raumfahrzeug, mit dem man die Distanzen von Stern zu Stern zurücklegen konnte. Es handelte sich lediglich um ein Zubringerschiff, dazu konstruiert, um den Pendelverkehr zwischen einem Mutterraumschiff und der Planetenoberfläche zu versehen. Der Hauptantrieb bestand aus einem Kernreaktor im Zentrum des Flugobjekts. Dieser Reaktor wiederum brauchte einen Kühler, und der glühte. Dies war es, was Hesekiel meinte, als er von glühenden Kohlen inmitten der vier beflügelten Wesen sprach.

Und wer da einwendet, einen Kernantrieb könne man niemals für derartige Gebilde einsetzen, weil dann die Umgebung und auch die

Mannschaft verstrahlt würde, der sei daran erinnert, daß unzählige Atom-U-Boote genauso angetrieben werden, ohne daß die Besatzung in Mitleidenschaft gezogen wird. Alles ist nur eine Frage der jeweiligen Technologie.

Im Hesekielbericht werden schließlich sehr detailliert eigenartige Räder beschrieben. Es heißt, die Räder hätten Felgen gehabt und sich dennoch nach allen vier Seiten bewegen können, ohne sich im Gehen zu wenden. Üblicherweise rotieren Räder nach vorne oder rückwärts, oder sie werden durch ein Lenksystem gesteuert und scheren rechts und links aus. Nicht so bei diesen Rädern: Sie blieben fest verankert und konnten sich dennoch in alle Himmelsrichtungen drehen.

Bei der NASA hat man sich über diese Räder Gedanken gemacht und schließlich ein neues Rad entwickelt. Vom Zentrum aus unterteilte man das Rad in verschiedene Segmente. Jedes Segment endet in einer Walze, die beidseitig drehbar ist: also auf den Leser zu oder von ihm weg. Diese Radkonstruktion kann in alle Richtungen rollen, auch diagonal, ohne die Radachse zu verschieben. Vorwärts und retour bewegt sie sich wie jedes normale Rad, seitwärts hingegen kommt nur gerade diejenige Walze ins Rollen, die mit dem Boden Berührung hat.

Übrigens hat die NASA für diese Radkonstruktion das US-Patent Nummer 3 789 947 bekommen. Das Rad, welches um jede Ecke kurven kann, ohne eine Steuerbewegung auszuführen, wird vermutlich bei einer Landung auf dem Mars eingesetzt werden.

Für mich ist es wie ein Treppenwitz der Weltgeschichte. Die ganze Idee zu dieser Radkonstruktion stammt eigentlich aus dem Alten Testament.

Es kommt noch toller:

Das Raumfahrzeug, das im Prophetenbericht so umständlich beschrieben wurde, taucht erneut auf, nimmt den Propheten an Bord und bringt ihn in ein fernes Land auf einen »sehr, sehr hohen Berg«.[5] Wer einwendet, der Prophet sei nach Israel geführt worden, so stehe es in der Bibel, der möge, bitte, verschiedene Bibeln vergleichen. Das Wörtchen »Israel« ist nur eine Einfügung der jeweiligen Übersetzer. Im Original steht es nirgendwo. Zudem gibt es in Israel keinen sehr hohen Berg.

Dort oben – so der Prophetenbericht – sei ein Mann gewesen, der aussah »wie Erz«, also metallisch glitzerte. Dieses Wesen hielt eine Meßlatte und eine Schnur in den Händen und forderte Hesekiel auf, sich alles sehr genau zu merken, was sich nun ereigne, denn aus diesem Grunde sei er hergebracht worden.

Was dann geschah, kann jedermann zu Hause überprüfen. Es steht in den Hesekielkapiteln 40 bis 48. Gemeinsam mit dem glitzernden Mann vermißt Hesekiel ein großes Gebäude. Alle Maßeinheiten werden penibel notiert: Länge, Breite, geographische Ausrichtung von Süd nach Nord, die verschiedenen Stufen und sogar die Bildwerke an den Wänden. Der

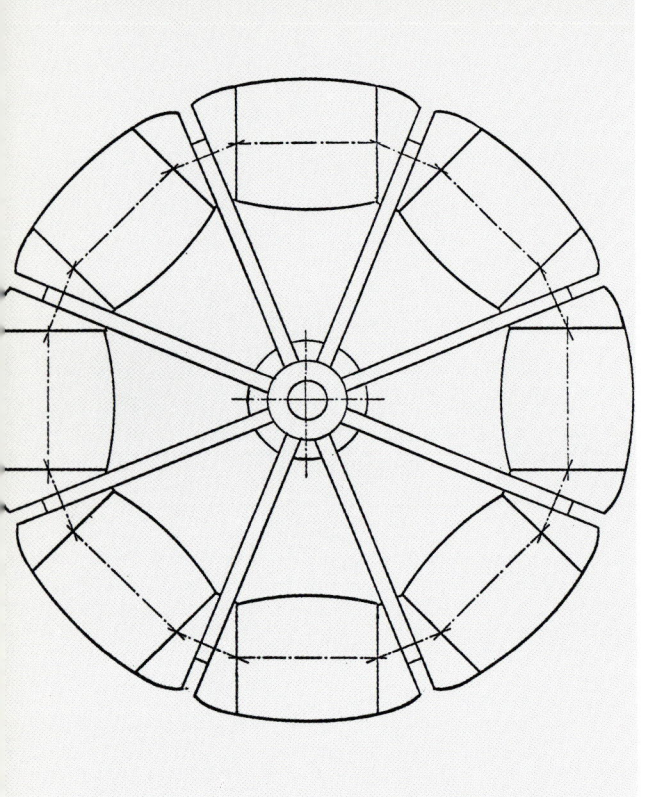

Oben:
Das Rad wurde in verschiedene Segmente unterteilt. Jedes Segment endet in einer Walze, die in beide Richtungen drehbar ist. Dieses Rad kann sich in alle Richtungen drehen, »ohne sich im Drehen zu wenden« (ohne eine Steuerbewegung auszuführen).

Unten:
Die NASA erhielt für die Radkonstruktion ein US-Patent.

United States Patent [19]

Blumrich

[54] **OMNIDIRECTIONAL WHEEL**

[75] Inventor: **Josef F. Blumrich, Huntsville, Ala.**

[73] Assignee: **The United States of America as represented by the Administrator of the National Aeronautics and Space Administration, Washington, D.C.**

[22] Filed: **Apr. 17, 1972**

[21] Appl. No.: **244,519**

[52] U.S. Cl. **180/79.3, 301/5**
[51] Int. Cl. **B62d 5/0**

aufmerksame Augenzeuge erwähnt sogar einen kleinen Bach, der an diesem Gebäude vorbeifließt und sich später zu einem mächtigen Strom erweitert, bevor er ins Meer mündet.

Frühere Theologen sahen in dieser Beschreibung eine Tempelvision. Hesekiel habe einen zukünftigen Tempel in einem zukünftigen Jerusalem beschrieben. Die offensichtlichen Widersprüche zum ursprünglichen Hesekielbericht wurden großzügig und sicher gutgläubig beiseite geschoben.

In der Fernsehserie interviewte ich den Ingenieur Hans Herbert Beier, der nach den Vorgaben des Hesekielberichts den Tempel des Propheten rekonstruierte.

»Herr Beier, Sie sind leitender Ingenieur in einem großen internationalen Unternehmen. Sie haben dieses Modell hier gebaut, was ist das eigentlich?«

»*Tja, das ist ganz einfach. Das ist der Tempel des Hesekiel, Kapitel 41 bis 42.*«

»Verzeihen Sie, wenn ich dazwischenfahre. Für mich sieht das Ganze nicht wie ein Tempel aus, sondern eher wie ein Stadion. Wie kommt man auf eine derartige Rekonstruktion?«

»*Das ist in der Tat sehr wundersam, daß dies ein Tempel sein soll. Die Rekonstruktion habe ich nach den Texten des Hesekiel vorgenommen, und das war deshalb sehr interessant, weil nirgendwo in der Bibel so viele Maße genannt sind wie eben beim Propheten Hesekiel.*«

»Welche Bibel haben Sie verwendet?«

»*Ich habe sehr viele Quellen benutzt, die zum Teil erhebliche Unterschiede aufweisen. Insgesamt waren es dreißig verschiedene Ausgaben, die ich in fünf verschiedene Kategorien einteilte. Sehr wesentliche Schlüsse zog ich aus der New American Bible, der Ausgabe von 1970.*«

»Und dort wie in anderen Bibelausgaben macht der Prophet derart exakte Angaben, daß sich daraus ein Gebäudekomplex rekonstruieren läßt?«

»*Er gibt außerordentlich exakte Daten, vielleicht darf ich das an einem Beispiel erklären. Das Treffen zwischen Hesekiel und seinem Führer war gut arrangiert. Dieser Führer war ausgerüstet mit einer Meßrute und einer Meßleine . . .*«

»... Das ist dieses Wesen, das in der Bibel als ›der Mann in Erz‹ beschrieben wird ...«

»*Genau, und Hesekiel wurde dahin gebracht mit etwas, das er ›die Herrlichkeit des Herrn‹ nennt. Man traf sich außerhalb des Gebäudes und betrat dann die Anlage durch das Tor. Hier beginnt der Hesekielbericht bereits mit exakten Zahlen. Alle Maße, die Sie überhaupt von mir hören werden, sind entweder exakte Maße, die der Hesekiel nennt, oder Summen und Differenzen davon.*«

»Ich sehe nur am Rande, daß der Tempel nach den vier Himmelsrichtungen ausgerichtet ist.«

»Jawohl, er ist genau in die Himmelsrichtungen ausgerichtet. Dann beschreibt Hesekiel die quadratischen Kammern mit je sechs Ellen, gemeint ist die große Elle mit rund dreiundfünfzig Zentimetern. Man kann sich einen halben Meter darunter vorstellen. Schließlich beschreibt Hesekiel ausdrücklich die fünf Ellen Abstand, und er gibt uns zum Glück auch noch die Gesamtlänge und die Gesamtbreite an, so daß wir alle Meßdaten aufaddieren können.«

»Wenn ich es richtig verstanden habe, geht der Prophet Hesekiel mit diesem Mann in Erz, der da glitzert, in das Gebäude hinein, und der Prophet vermißt die Mauern und Stufen, und jedermann kann das in der Bibel nachlesen...«

»...Es ist jedes Maß in der Bibel belegbar. Das Pfiffige ist nun, daß diese Maße wunderbar aufgehen. Insgesamt kommt man auf ein Gesamtmaß von fünfhundert Ellen.«

»Was ergibt das in Metern?«

»Eine Elle entspricht ungefähr einem halben Meter, so daß wir rund zweihundertfünfzig Meter im Quadrat haben. Das Tempelgebäude selbst weist ungefähr fünfzig Meter im Quadrat auf.«

»Das Ganze ergibt einen terrassenförmigen Aufbau. Warum entstand eigentlich kein geschlossener Tempel, sondern ein nach oben offenes Gebäude ohne Dach?«

»Das ist eben der Trugschluß, dem frühere Rekonstrukteure aufgesessen sind, indem sie meinten, es müsse ein geschlossenes Gebäude sein. Ein geschlossenes Gebäude läßt sich aber mit den Hesekieltexten nicht in Einklang bringen. Die einzige Lösung, die sich mit den Aussagen in Einklang bringen läßt, deutet auf ein nach oben offenes Bauwerk hin. Hesekiel sagt zum Beispiel wörtlich, ›das Gebäude nahm nach oben an Weite zu‹, und er vermerkt auch die Kammern, die von anderen Kammern aus zugänglich waren.«

»Wenn ich mich richtig erinnere, und ich habe die Bibel sehr gut gelesen, sagt der Prophet sogar, die ›Herrlichkeit des Herrn‹ sei in das Gebäude *hineingefahren*, und das konnte sie schließlich nur, wenn gar kein Dach vorhanden war.«

»Hesekiel sagt wortwörtlich: ›Die Herrlichkeit des Herrn erschien über das Tor von Osten. Es brauste wie ein großes Wasser braust, es war dasselbe, was ich gesehen hatte am Flusse Chebar, und er ging ein in das Haus und siehe, er erfüllte das Haus...‹«

»Einer der NASA-Chefkonstrukteure von früher war Herr Josef Blumrich, und er hat eine Rekonstruktion des Zubringerraumschiffs gemacht, das von Hesekiel beschrieben worden war. Als Sie, Herr Beier, Ihre blitzsaubere Arbeit leisteten und errechneten, kannten Sie damals die Rekonstruktion von Herrn Blumrich?«

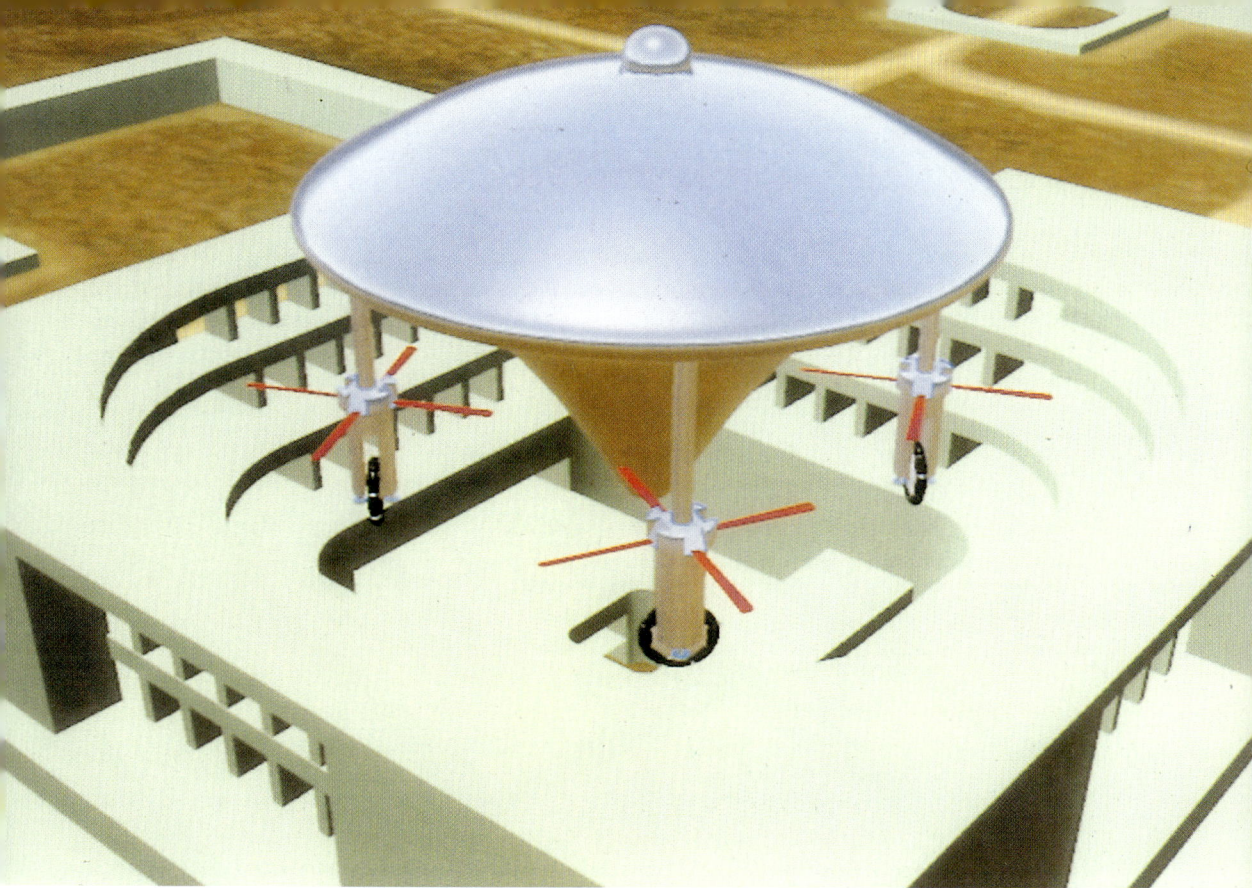

»Ich kannte sie nicht und habe erst gegen Ende meiner Arbeit davon erfahren. Zu einem Zeitpunkt also, als ich praktisch die Konzeption der Tempelrekonstruktion bereits fertig hatte. Das Lustige dabei ist, daß mir der Zusammenhang zunächst gar nicht auffiel, weil ich nämlich immer nach den Bibelstellen geguckt habe, wo exakte Maße vorkamen.«

»Haben Sie den NASA-Ingenieur Blumrich inzwischen kennengelernt?«

»Ja, vor wenigen Wochen zum erstenmal.«

»Was mich natürlich sehr interessiert, ist die Frage, ob denn Ihre Rekonstruktion des sogenannten Tempels mit der Rekonstruktion des NASA-Mannes zusammenpaßt.«

»Das paßt hervorragend zusammen, und es gab für Herrn Blumrich sogar Rückschlüsse, die seine Konzeption verbessern konnten. Dies aufgrund der etwas exakteren Maße des Tempels. Jetzt konnte Herr Blumrich auch davon ausgehen, daß sein Zubringerraumschiff eine irdische Basis hatte und deshalb nicht den ganzen Treibstoff herumschleppen mußte.«

»Herr Beier, über Ihre Arbeit haben Sie ein sehr spannendes und sauber recherchiertes Buch geschrieben.[6] Was wären, in zwei, drei Sätzen, die Schlußfolgerungen aus Ihrer Arbeit und der des NASA-Mannes Blumrich?«

Oben und nachfolgende Seite: Ingenieur Hans Herbert Beier rekonstruierte exakt nach den Maßangaben des Propheten Hesekiel den »Tempel«. Dieser entpuppte sich als irdische Wartungsanlage für das Zubringerraumschiff. Beide Rekonstruktionen – sowohl jene vom NASA-Mann Blumrich als auch die von Beier – paßten perfekt ineinander.

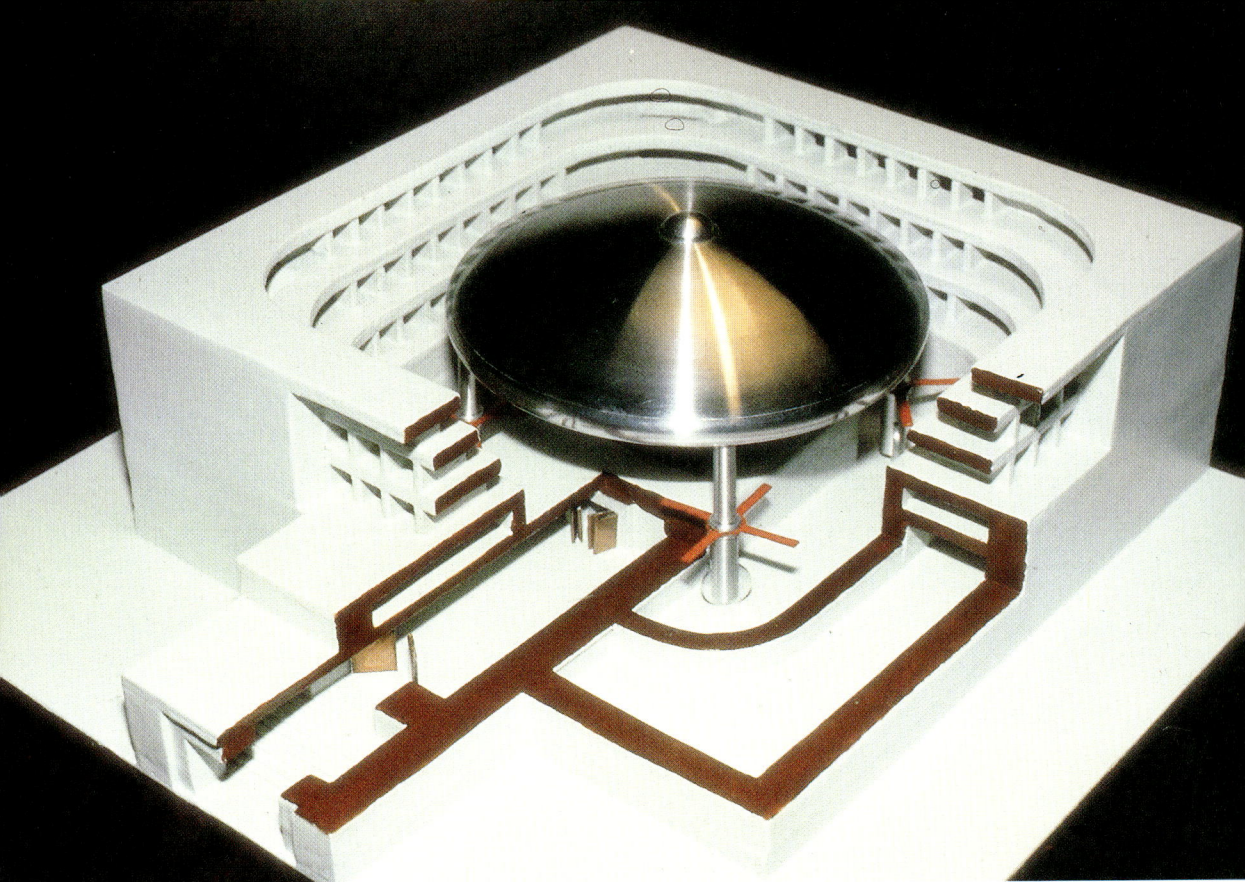

»Erstens: Das vom Propheten Hesekiel beschriebene Gebäude muß real existiert haben. Zweitens: Dieses Gebäude lag weder in Babylon noch in Israel, sondern ganz woanders, viel weiter weg. Drittens: Meine Arbeit bestätigt die Arbeit von Herrn Blumrich und bestätigt zudem, daß Hesekiel ein hervorragender Beobachter war, der mit den Mitteln seiner Sprache und seiner Zeit auch exzellent beschreiben konnte.«

»Also können wir uns heute aufgrund von sauberen Recherchen von zwei unabhängigen Ingenieuren vorstellen, was damals geschehen ist. Hesekiel wird mit einem Zubringerraumschiff mitgenommen auf einen ›sehr, sehr hohen Berg‹. Dort oben steht der sogenannte Tempel, der in Wirklichkeit nichts anderes als die Wartungsrampe für das Zubringerraumschiff war.«

Soweit das Interview.

Es dauerte Jahrtausende, bis die Menschheit die Schwelle zum technischen Zeitalter überschritt, bis sie das Fliegen erfand und die Möglichkeiten begriff, die nächsten Planeten und sogar die nächsten Fixsterne zu erreichen.

Vielleicht tut es gut, einmal folgende Überlegungen anzustellen: Was ist das eigentlich, ein Prophetenbericht? Letztlich nichts anderes als eine Weissagung für die Zukunft. Dieser »Mann in Erz«, der da glitzerte, den

Propheten Hesekiel leitete und ihn anwies, alle Daten exakt zu notieren, wußte natürlich sehr wohl, was er tat. Er wußte, daß Hesekiels Generation nichts von Technologie und Raumfahrt verstand. Aber er wußte auch, daß irgendwann in der Zukunft ein Zeitalter der Technik anbrechen würde. Und dann, spätestens dann, müßte es den Nachfolgern des Propheten Hesekiel wie Schuppen von den Augen fallen. Sie müßten begreifen, was eigentlich in diesem Prophetentext gemeint war. Der Bericht war für *zukünftige* Generationen bestimmt. *Die Adressaten sind wir.* Unsere Generation ist erstmals in der Lage, die alten Texte mit einem sinnvollen Wissen zu durchleuchten und zu verstehen, was sich seinerzeit abgespielt hat.

Hesekiel übrigens – oder wer immer der Vorgänger war, der die ersten Originalberichte niederschrieb – erkundigte sich sogar bei diesem »Mann in Erz«, warum um alles in der Welt er all das niederschreiben müsse. Die Antwort war lapidar:

»Denn dazu bist du hierhergebracht worden, damit man es dir zeige.«

Und da ist noch etwas, das diesem Fremden, der so schön glitzerte wie Metall, bekannt war. Er sagte es dem Propheten und vermutlich den zukünftigen Generationen klipp und klar, und jedermann kann es in jeder Bibel nachlesen:

»Menschensohn, du wohnst inmitten eines widerspenstigen Geschlechts, das Augen hat zu sehen, und doch nicht sieht, und Ohren hat zu hören, und doch nicht hört.«

Bibliographie

1 Lang, Bernhard: Ezechiel – Der Prophet und das Buch. Darmstadt 1981.
2 Torrey, C.: Pseudo-Ezekiel and the original Prophecy. New Haven 1930.
3 Smend, Rudolf: Der Prophet Ezechiel. Leipzig 1880.
4 Blumrich, Josef: Da tat sich der Himmel auf – Die Raumschiffe des Propheten Ezechiel. Düsseldorf 1973.
5 Däniken, Erich von: Strategie der Götter. Düsseldorf 1982.
6 Beier, Hans Herbert: Kronzeuge Ezechiel – Sein Bericht – sein Tempel – seine Raumschiffe. München 1985.

11. Kapitel

Steingewordene Geometrie

*Von Dolmen und Menhirkolonnen – Älter als die Pyramiden – Armer
Pythagoras! – Hochentwickelte Geometrie in der Steinzeit – Visierlinien
über Hügel und Buchten – Fragen, nichts als Fragen – Die Zeitkapsel
von Gavrinis – Mathematische Botschaften aus der Vergangenheit – Die
Realität von heute*

Im klassischen Land der Menhire – oder sollte man sagen, im Land von
Asterix und Obelix? – schlägt die Logik Purzelbäume. Eigentlich stimmt
hier gar nichts. Was gibt es in der französischen Bretagne zu sehen?

Die Archäologen unterscheiden fünf verschiedene Arten von Steinsetzungen:
a) Menhire: stehende Steine,
b) Dolmen: Steintische und Hünengräber,
c) Cromlechs: bogenförmige Steinsetzungen,
d) Alignements: kilometerlange Steinalleen,
e) Steinkreise.

Ursprünglich glaubte man an die fromme Legende, im dritten nachchristlichen Jahrhundert sei der heilige Cornelius von römischen Soldaten verfolgt worden. Er flehte zum Herrn, und siehe da, ein Wunder
geschah: Der liebe Gott verwandelte die römischen Soldaten in Menhire.
Und so stehen sie nun versteinert bis in alle Ewigkeiten.

Schließlich wurde vermutet, das ganze Gebiet sei ein riesiger Friedhof.
Doch man fand weder Gräber noch Tote oder Grabbeigaben. In neuerer
Zeit dachte man sogar an eine Art Sender, denn die Menhirkolonnen
bestehen aus Quarzgestein. Quarz schwingt in einer ganz bestimmten
und stets gleichen Wellenlänge. Wer aber sollte einen derartigen Stein-
zeitsender geplant und betrieben haben?

Für den Touristen am interessantesten sind sicherlich die langen Paral-
lelkolonnen der Alignements. Bei Kermario stehen 1029 Menhire in zehn
Reihen auf einer Fläche von rund 100 Meter Breite und 1120 Meter
Länge. Nahe Ménec sind 1099 Steine in Elferkolonnen geordnet, das
Alignement von Kerlescan umfaßt 540 Menhire in Dreizehnerreihen, und
bei Kerzerho können nochmals 1129 Menhire in Zehnerblöcken gezählt

werden.

Diese Angaben sind nicht vollständig, lassen aber erahnen, welche ungeheure Leistung irgendwann von irgendwem erbracht wurde. Und damit ich es nicht vergesse: C-14-Datierungen im Dolmen von Kercado ergaben ein Absolutalter von 5830 Jahren! Damit lassen sich wenigstens all die ernsthaft vorgetragenen Albernheiten in der früheren Fachliteratur beiseite schieben. Man hatte unter anderem angenommen, primitive Nomadenstämme hätten im Europa der Frühzeit Steinblöcke geschlagen und ausgerichtet, um es den orientalischen Völkern gleichzutun, die in Ägypten und anderswo mit mächtigen Baudenkmälern protzten. Eine andere Denkrichtung lief darauf hinaus, der ganze Raum der heutigen Bretagne habe einst als heiliges Land der Druiden gegolten. Die aber hatten ihre große Zeit im letzten vorchristlichen Jahrhundert. Falls also die Druiden ihr Heiligtum ins Gehege der Menhire verlegten, können sie nur eine fix und fertige Anlage übernommen haben.

Die Nomadenstämme dürfen wir abhaken, weil es vor fast sechs Jahrtausenden in Ägypten keine Pyramiden oder andere Glanzbauten gab, die man in Europa hätte kopieren können. Zudem steckt ja gerade in dieser Überlegung der Wurm: Nomadenstämme heißen so, weil sie nicht seßhaft sind. Die megalithische Superleistung der Bretagne verlangte aber ein bodenständiges Volk, denn der steinerne Spuk soll sich – glaubt man den Fachleuten – über mindestens ein Jahrtausend hingezogen haben.

Oben:
Luftaufnahme des
Alignements »Le
Ménec«.

Oben und nach-
folgende Seite:
Beispiele verschie-
dener Steinalleen.

159

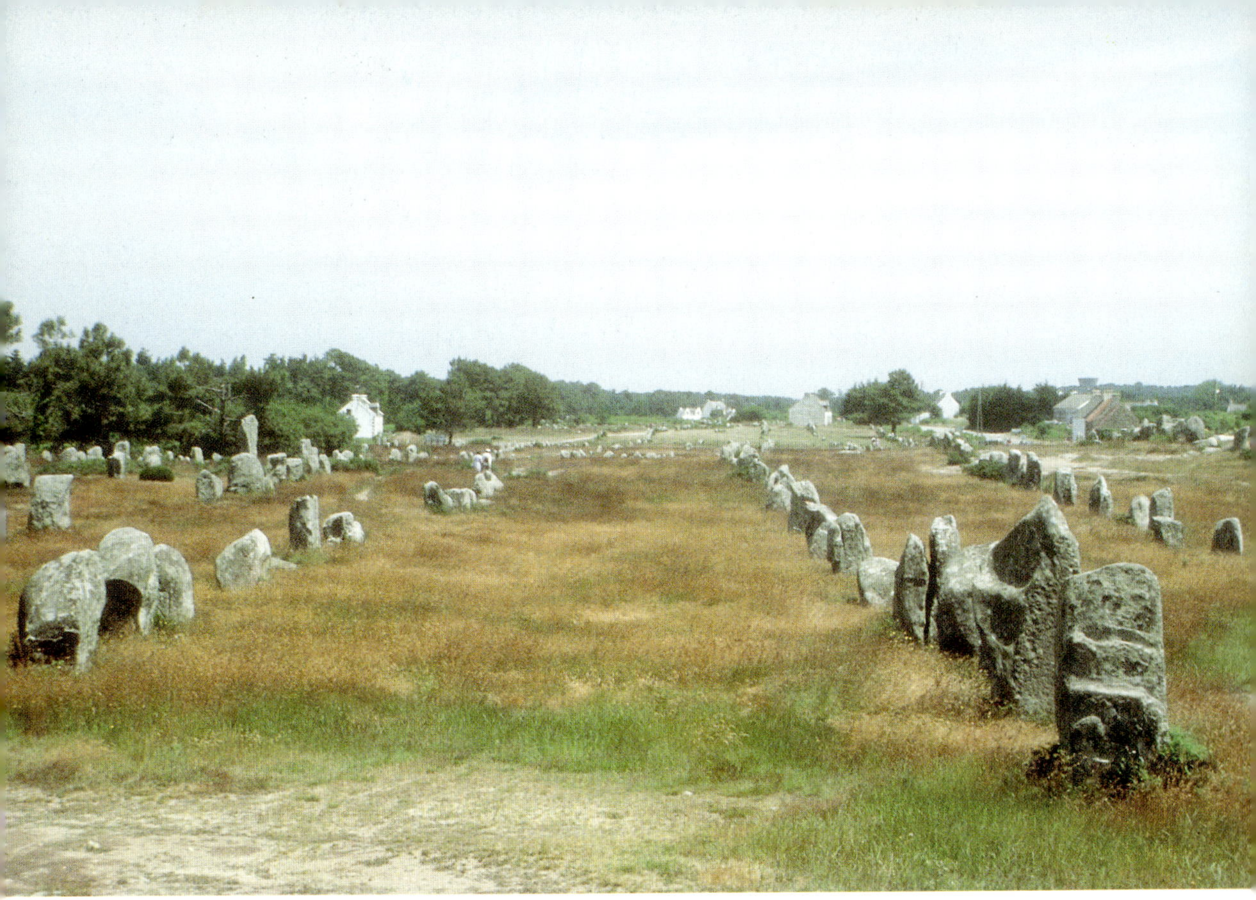

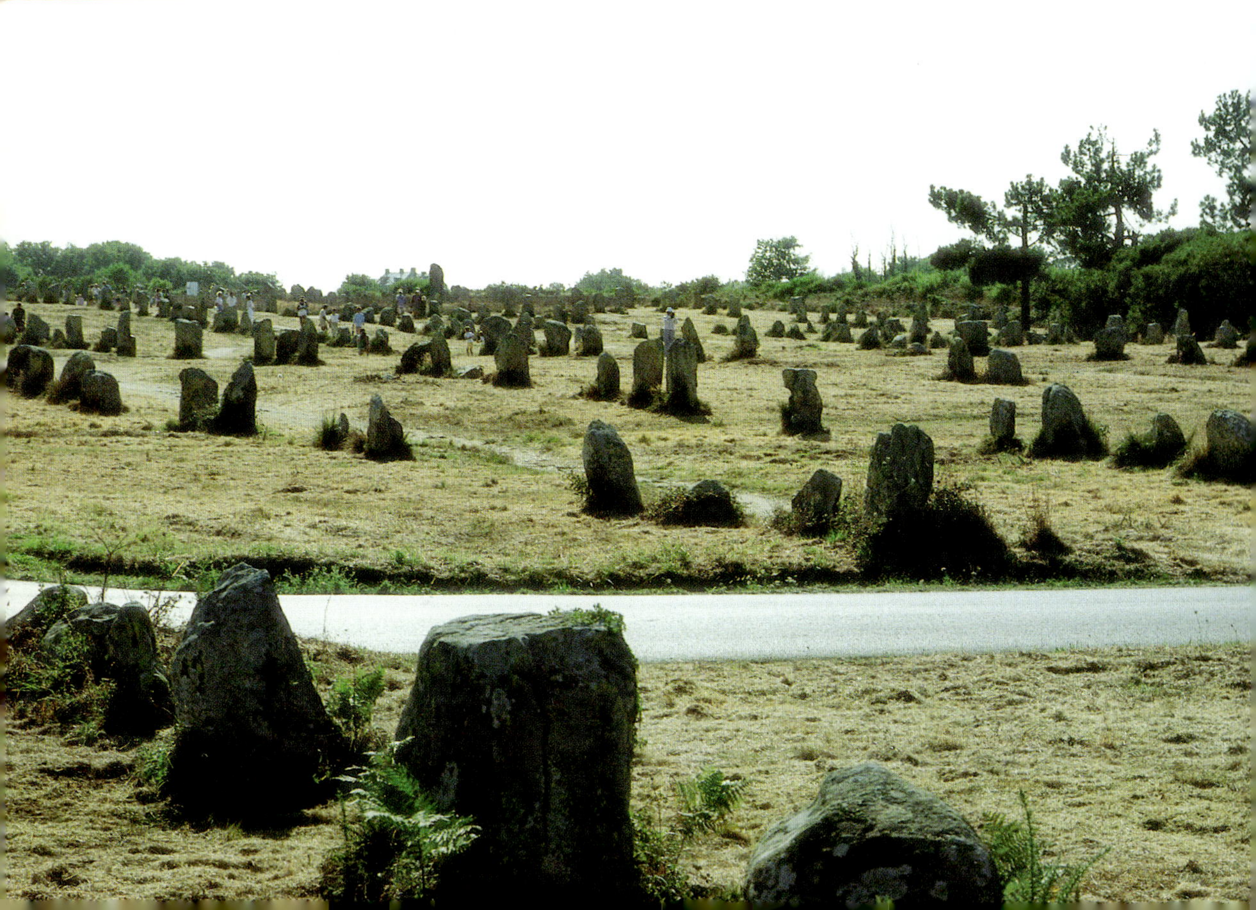

Erst seit wenigen Jahren, nachdem die Menhirkolonnen, Dolmen und Steinkreise aus der Luft fotografiert wurden und Computer zum Einsatz kamen, taten sich neuere Perspektiven auf. Und die stecken in der Mathematik und der exakten Geometrie.

Jetzt zeigte sich, daß die Steinsetzungen nicht nach irgendeiner Laune über die Landschaft verstreut worden sind, sondern nach vorher durchdachten geometrischen Spielregeln. Und dies geschah gleich raumübergreifend, über größere Distanzen im unebenen Gelände. Hier einige Beispiele:

Zum westlichen Cromlech »Le Ménec« gehören zwei pythagoreische Dreiecke, deren Seiten im Verhältnis von drei zu vier zu fünf zueinander stehen. Pythagoras, der griechische Philosoph von Samos, lebte um 532 vor Christus. Er kann die steinzeitlichen Menschen in der Bretagne nicht unterwiesen haben. Sie wendeten seine hilfreichen Lehrsätze bereits Jahrtausende vor seiner Geburt an!

Verlängert man vom Dolmen »Manio I« die trapezförmigen Seiten, so treffen sie in hundertsieben Meter Entfernung aufeinander. Die Grundlinie dieses Trapezes läßt sich zum nächsten Menhir verlängern, und die Schnittpunkte der Seitenwände ergeben erneut pythagoreische Dreiecke. In der *»Naturwissenschaftlichen Rundschau«* wies Dr. Bruno Kremer *darauf hin, daß die einzelnen Steinsetzungen nach festen »Maßbezeich-*

Oben:
Im riesigen, be-
waldeten Gelände
gibt es auch Stein-
kreise ...

Mitte:
... und Steinrecht-
ecke. Alle sind
nach astronomi-
schen Gesichts-
punkten ausge-
richtet.

Unten:
Da immer mehr
Touristen auf den
Menhiren herum-
kletterten, sind die
Alignements ein-
gezäunt worden.
Heute ist Fotogra-
fieren nur noch
aus der Distanz
möglich.

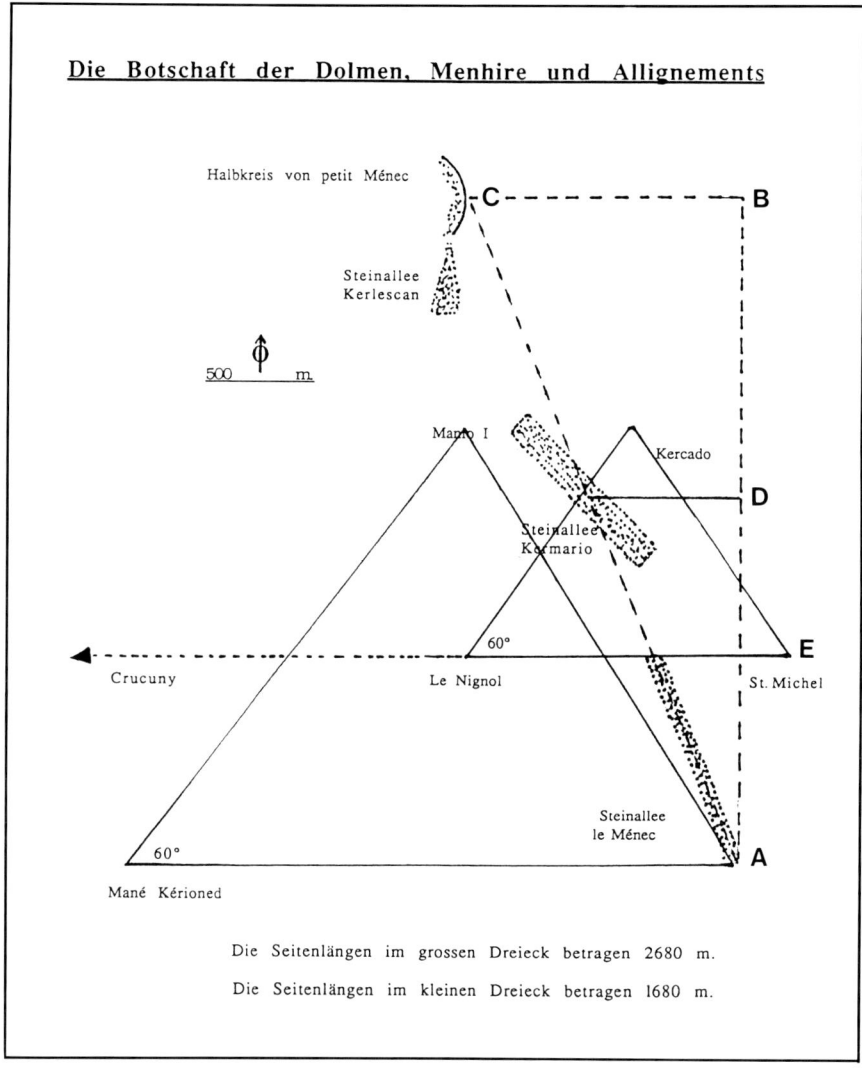

Die Botschaft der Dolmen, Menhire und Allignements

Halbkreis von petit Ménec

C - - - - - - - - - - - - - - B

Steinallee
Kerlescan

500 m.

Manio I

Kercado

Steinallee
Kermario

D

60°

Crucuny   Le Nignol   St. Michel

E

Steinallee
le Ménec

60°

A

Mané Kérioned

Die Seitenlängen im grossen Dreieck betragen 2680 m.

Die Seitenlängen im kleinen Dreieck betragen 1680 m.

nungen errichtet wurden, die auf eine hochentwickelte Vermessungstechnik schon im Mesolithikum schließen lassen«.[1]

Kremer machte noch auf andere Ungereimtheiten aufmerksam: Die langen Steinreihen von »Le Ménec« und »Kermario« verlaufen in nordöstlicher Richtung und berühren an ihrem längsten Punkt das Alignement von »Petit Ménec«.[2] Die Distanz über hügeliges Gelände beträgt runde 3,3 Kilometer. Diese Strecke ist gleichzeitig die Hypotenuse eines pythagoreischen Dreiecks. Zieht man vom westlichen Ende der Steinkolonne »Le Ménec« eine Linie in nördlicher Richtung, so stößt diese nach 2680 Metern auf den Dolmen »Mané-Kérioned«. Von hier aus zielt eine andere Linie im genau gleichen Winkel von sechzig Grad auf den Menhir »Manio I«. Wieder beträgt die Entfernung 2680 Meter. Die drei Punkte

bilden ein gleichschenkliges Dreieck, also sind alle gleich weit voneinander entfernt.

Ein weiterer Sechzig-Grad-Winkel ergibt ein zusätzliches gleichschenkliges Dreieck von 1680 Meter Seitenlänge: Saint-Michel–Le Nignol–Kercado. Dabei schneidet die Linie Le Nignol–Kercado die Steinkolonne von Kermario nicht nur in zwei gleich große Hälften, sondern der Schnittpunkt markiert zudem die Hälfte der Hypotenuse der Strecke Le Ménec–Petit Ménec.

Das mag nach Spielerei klingen, doch dem ist nicht so. Die Punkte sind durch genau gleich lange Distanzen in den exakt übereinstimmenden Winkelgraden untereinander verbunden, wobei sich diese weiträumigen Beispiele endlos wiederholen lassen. Dazu Dr. Kremer:

»In Anbetracht der Vielzahl von Beziehungen und Ausfluchtungen kann eigentlich kein begründeter Zweifel mehr an der raumorganisatorischen Planmäßigkeit der megalithischen Anlagen aufkommen.«[2]

Es geht aber nicht nur um angewandte Geometrie – diese ließe sich, wenn auch mit sehr viel Augenwischerei, in prähistorischen Gehirnen noch unterbringen. Es geht um die Kugelgestalt der Erde, die Gradeinteilung, die Azimute, die Organisation, die Planung und vieles mehr.

»Le grand Menhir brisé« bei Locmariaquer ist mit einundzwanzig Metern der höchste Menhir. Er wiegt satte dreihundert Tonnen. Als der Brocken noch aufrecht stand, zogen acht Visierlinien in verschiedenen Richtungen über ihn hinweg, wobei sie schnurgerade über andere Steinsetzungen verlaufen. Eine dieser Linien beginnt bei Trevas, läuft kurz die Küste entlang, über den Golf von Morbihan, über »le grand Menhir brisé« und überquert auf einer Strecke von sechzehn Kilometern die Bucht von Quiberon. Unter der Linie liegen immer wieder Steinsetzungen.

Eine andere Linie beginnt bei einem Einzelmenhir südlich von Saint-Pierre (Quiberon), zieht über die Bucht von Quiberon und den »grand Menhir brisé«, um dann zielgenau über den Dolmen von Gavrinis Richtung Festland zu verlaufen. Die britischen Professoren Thom und Thom meinen, alle diese Visierpunkte seien mit bloßem Auge sichtbar gewesen, sofern »le grand Menhir brisé« einst aufrecht stand und irgendwer in luftiger Höhe Position bezog.[3]

Doch exakt hier erkenne ich einen immer wiederkehrenden Fehler im Denkansatz. Man verwechselt Ursache und Wirkung. Die tollen »Megalithiker« können ihr Dreihundert-Tonnen-Monstrum nicht zum Standort X gezerrt haben, *weil* sich von dort aus Visierlinien in acht verschiedene Richtungen ergaben. Die Visierlinien traten ja erst *nach* der Aufrichtung des Menhirs zutage. Erst *von* dessen einundzwanzig Meter hohen Spitze sind die anderen Punkte im unebenen Gelände einsehbar. Ergo müssen unsere steinzeitlichen Spezialisten den Standort X *vorher* errechnet haben, sonst hätten sie den Riesenbrocken schwerlich gerade zu diesem Visierpunkt bugsiert.

Wer also leitete und dirigierte unsere steinzeitlichen Vorfahren in der Bretagne? Was, bei allen Planeten, wollten diese »Megalithiker«? Was trieb sie? Woher stammten ihre mathematisch-geometrischen Kenntnisse? Was für Instrumente verwendeten sie? Welche Vermessungsingenieure bestimmten die Fixpunkte in der unebenen Gegend? In welche Geländekarten übertrugen sie ihre Berechnungen? In welchem Maßstab? Wie war der Lastentransport organisiert? Wie funktionierten die Schwertransporte im Winter? Im Regen? Bei matschigem Untergrund? Wozu Menhirkolonnen in unterschiedlichen Breiten – mal neun, dann elf oder gar Dreizehnerkolonnen? Was sollen die Steinovale am Anfang und Ende des Alignements »Le Ménec«? Welche Kompasse oder Sextanten kamen bei der Festlegung der geographischen Positionen zum Einsatz? Wieviel Planungszeit ging der Bauphase voraus? Wie viele Arbeitskräfte wurden benötigt? Wer dirigierte die Massen? Wer hatte das Oberkommando und weshalb? Wo übernachteten, überwinterten die Arbeiter mit ihrem Anhang? Wo sind die Überreste ihrer Raststätten, ihrer Nahrung, ihrer Knochen? Wie lange dauerte der megalithische Spuk? Zwei Arbeitsgenerationen zu dreißig Jahren? Zehn Arbeitsgenerationen? Fünfzig oder

noch mehr? In welcher Schrift wurden die präzisen Befehle an die nächst-folgende Generation weitergereicht?

Wie man sieht, existieren riesige weiße Flecken auf der Landkarte der Forschung, und nirgendwo ist ein Raum, den man innerhalb einer Disziplin allein beackern könnte. In der französischen Bretagne kapitulieren selbst die Fachleute vor einem Entweder-Oder. Entweder sind die Datierungen falsch, oder es muß ein Plan existiert haben, der stur über viele Generationen hinweg eingehalten wurde. Es ist unvernünftig, beispielsweise den Dolmen von Gavrinis mit 4000 vor Christus zu datieren, das gleiche Alter aber dem »grand Menhir brisé« abzusprechen. Schließlich sind beide Punkte Bestandteil einer kilometerlangen Visierlinie, die auch andere Steinsetzungen mit einschließt. Wie sollten die »Megalithiker« etwas anpeilen, das gar kein Bestandteil ihrer raumübergreifenden Planung war? Und wenn die Steinsetzungen *nicht* gleichzeitig entstanden, dann müssen sich die nachfolgenden Generationen an die alten Pläne gehalten haben. An welche? Entweder – oder.

Auf dem Inselchen Gavrinis steht der größte Dolmen der französischen Bretagne. Unter einem Dolmen versteht man bei uns auch ein Ganggrab, obgleich nie irgend etwas Totes darin entdeckt wurde. Der ganze Dolmen von Gavrinis besteht aus insgesamt 52 Monolithen. Nur nebenbei gesagt:

Beim Dolmen »Table des Mar-chands« werden Restaurierungs-arbeiten vorge-nommen.

Das Maya-Kalendersystem basiert auf dem 52-Jahre-Rhythmus, bloß lebten die Maya ein paar tausend Kilometer entfernt jenseits des Atlantiks.

Über die 52 Monolithen von Gavrinis legte man Tonnen von kleinen Steinen. Diese Steine wurden ihrerseits mit Sand und Humus abgedeckt, so daß ein ganz natürlich wirkender Hügel entstand. Erst 1832 wurde darin das sogenannte Ganggrab entdeckt, obwohl die Einheimischen zu allen Zeiten wußten, daß das Ding künstlich war. Die 52 verbauten Monolithen sind zum Teil mit merkwürdigen Gravuren versehen. Sie sehen aus wie Fingerabdrücke, mehrere übereinander. Dann wiederum gleichen sie spitz zulaufenden Äxten.

Erst vor wenigen Jahren entzifferte der Bretone Gwenc'hlan Le Scouë-zec aus den seltsamen »Fingerabdrücken« und »Äxten« eine mathematische Botschaft.[4]

Gwenc'hlan Le Scouëzec numerierte die 52 Monolithen, angefangen von unten rechts. Dabei fällt der 21. Monolith auf, weil er eine kuriose Anordnung von »Äxten« enthält.

Zuerst zählt man drei, dann vier, dann fünf und in der untersten Kolonne sechs. Im Dezimalsystem gelesen, ergibt das 3456.

Es war der 21. Monolith. Teilen Sie 3456 durch die Zahl, und Sie erhalten 164,57. Dies ist genau der Umfang des Steinkreises, der vor dem Inselchen Gavrinis in acht bis zwölf Metern – je nach Ebbe oder Flut –

Linke Seite, oben:
Das Inselchen Gavrinis liegt nur einen Steinwurf weit vom Festland entfernt.

Linke Seite, unten:
Der eigentliche Dolmen mit den Monolithen ist von den Erbauern mit kleineren Steinplatten überdeckt worden.

Oben:
Darüber kam Erde, so daß ein natürlich wirkender Hügel entstand.

Rechte Seite,
unten links:
»Fingerab-
drücke«, Rillen
und Furchen bil-
den die mathema-
tische Botschaft.

Rechte Seite,
unten rechts:
Der Monolith
Nummer 21
macht die Aus-
nahme. Er zeigt in
drei überein-
anderliegenden
Kolonnen insge-
samt 18 »Äxte«.
18 sind auch 3 mal
6. Die Multiplika-
tion von 3 mal 4
mal 5 mal 6 ergibt
360 oder 60 mal 6.
Die Zahl 360 ist
der Gradumfang
eines geschlosse-
nen Kreises.

unter dem Meeresspiegel liegt. Der Durchmesser dieses Steinkreises beträgt 52,38 Meter, und – seltsam genug – auf 52 Grad und 38 Minuten liegt
der südliche Azimut am Tag der Sommersonnenwende für Gavrinis.

Es ist klar, daß bei der Teilung des Umfangs durch den Durchmesser
die Zahl 3,14, das berühmte Pi, herauskommen muß.

Natürlich wird eingewendet, die Erbauer von Gavrinis hätten niemals
in Metern gemessen. Setzt man andere Zahlen als die Meterangaben ein,
meinetwegen irgendeine Zollbreite, so bleibt das Verhältnis das gleiche,
auch wenn die Zahlenwerte anders lauten. Und – ob Zufall oder nicht –
die 52,38 Meter entsprechen 100 königlichen ägyptischen Ellen.

Insgesamt sind 52 Monolithen in Gavrinis verbaut worden. Der 21.
Stein trägt das Zahlenmuster. 52 plus 21 ergibt 73. Die ursprüngliche
Dezimalzahl lautete 3456. Die teilen wir jetzt durch 73 und erhalten ein
Resultat von 47,34. Zufälligerweise liegt das Inselchen Gavrinis exakt auf
der geographischen Länge von 47 Grad und 34 Minuten. Das ist höchst
erstaunlich, denn man kann schließlich nicht davon ausgehen, daß die
Erbauer von Gavrinis in *unseren* Längengraden rechneten. Ärgerlicherweise stimmt das Resultat trotzdem. Hokuspokus! Waren vielleicht Zeit-
reisende am Werk?

Übrigens könnte man die Zeichen auf den Monolithen von Gavrinis
auch als babylonische Zahlen in Keilschrift lesen. Und selbst im Ägyptischen würden die mysteriösen Fingerabdrücke ihren Sinn ergeben. Das
ägyptische Zeichen für 100 taucht mehrfach auf.

Zudem müßten diese »Megalithiker« europaweit untereinander in Verbindung gestanden haben, denn ihre Symbolschrift wiederholt sich an
vielen steinzeitlichen Bauwerken: zum Beispiel Hunderte von Kilometern Luftlinie von Gavrinis entfernt in Newgrange (Irland); oder in der
»Cueva de Menga« bei Antequera in Südspanien; und schließlich in
verschiedenen maltesischen Tempeln wie auch in Stonehenge in England.
Stonehenge erwies sich inzwischen als Observatorium, als kosmische
Sternwarte, die ganze Serien von astronomischen Voraussagen ermöglichte. Nun, daß der steinzeitliche Mensch über den Jahreskalender Be-
scheid wissen wollte, ist ja noch einzusehen, doch was nützen ihm die
Bahndaten der Fixsterne, wie beispielsweise Capella, Castor, Pollux,
Wega oder sogar Antares? Sie alle sind von Stonehenge aus beobachtet
worden. Was wollten sie eigentlich, diese »Megalithiker«?

Und selbst im fernen Südamerika, hoch oben in den Anden, nahe der
peruanischen Stadt Cuzco, stehen megalithische Ungetüme herum, deren
Bedeutung uns bis heute unklar geblieben ist. Nur noch in der Legende
sind diese Monumente begreifbar. Es seien Bauwerke der Götter gewesen, sagt die Überlieferung. Und genauso sieht es auch aus.

Sie haben uns eine Botschaft, eine Abituraufgabe hinterlassen, diese
»Megalithiker«. Eine Botschaft, die wir bis heute nicht zu begreifen, zu
verstehen imstande sind.

Links:
Auch der Fuß-
boden besteht aus
künstlichen Plat-
ten.

Oben:
3, 4, 5 und 6 hin-
tereinander ge-
schrieben liest sich
im Dezimalsystem
3456.

Mitte und unten:
Auch ägyptische
und babylonische
Zahlenwerte tau-
chen in Gavrinis
auf.

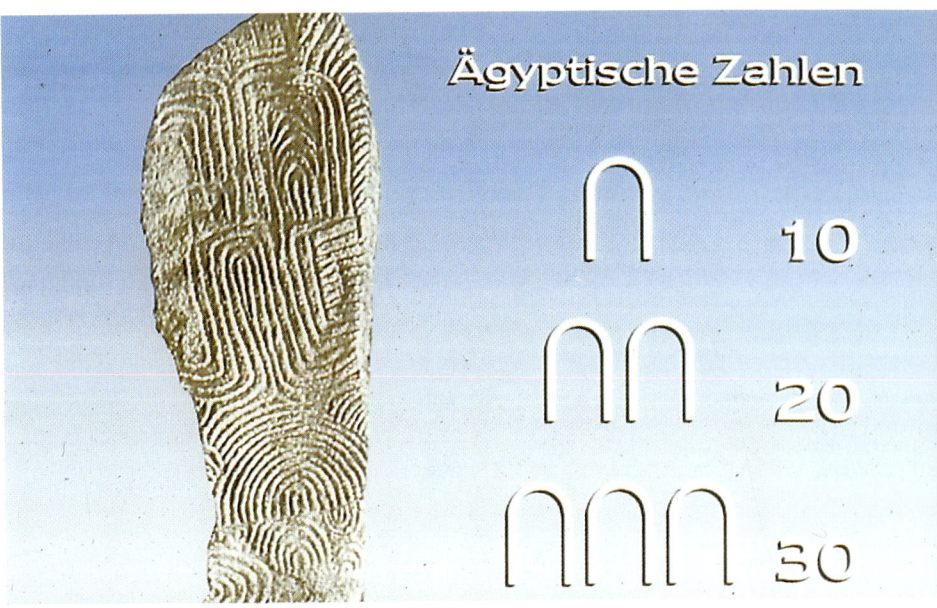

Ägyptische Zahlen

$\cap$ 10

$\cap\cap$ 20

$\cap\cap\cap$ 30

**Babylonische Zahlen
in Keilschrift**

Ich halte es für wahrscheinlich, daß unsere steinzeitlichen Vorfahren nur als Gratisarbeitskräfte für die All-Mächtigen dienten. Es waren gar nicht die »Megalithiker«, welche uns eine Abituraufgabe stellten, sondern jene Lehrmeister aus dem Weltall, die einst die Erde besuchten.[5] Und wer da meint, Außerirdische würden niemals Mitteilungen in Form von »Fingerabdrücken« und »Äxten« zurücklassen, der sei an unsere eigenen Botschaften erinnert, die wir ins Weltall hinausgeschossen haben. Seit 1972 sind derartige Informationen unterwegs. Damals starteten die Amerikaner ihre Weltraumsonde »Pioneer 10« und am 6. April 1973 die Zwillingssonde »Pioneer 11«. Jeder Flugkörper hat inzwischen über fünf Milliarden Kilometer zurückgelegt und unser Sonnensystem längst verlassen. An Bord der Sonden befinden sich auch Aluminiumtafeln mit schematischen Darstellungen unseres Sonnensystems. Unsere Wissenschaftler haben diese Aluminiumtafeln mit Gold überzogen, *damit sie Jahrtausende überleben* und dermaleinst von einer außerirdischen Zivilisation gelesen werden. Die Konstrukteure von Gavrinis und der geometrischen Botschaft in der Bretagne haben ihre Botschaften in Stein angelegt, *damit sie Jahrtausende überdauern.* Und was tun wir? Wegsehen! Spöttisch lächeln! Dispute vom Zaun brechen, um die »unmögliche Botschaft« aus der Welt zu schaffen. Eine Frage an die Wissenschaft: Gibt es intelligentes Leben auf der Erde?

Bibliographie

1 Kremer, Bruno P.: Maß und Zahl in den Megalithdenkmälern der Bretagne. Aus: Naturwissenschaftliche Rundschau, 37. Jahrg., Heft 12, 1984.
2 Derselbe: Geometrie in Stein. Aus: Antike Welt, 18. Jahrg., Heft 1, 1987.
3 Thom, A. und Thom, A. S.: Megalithic Remains in Britain and Brittany. Oxford 1978.
4 Le Scouëzec, Gwenc'hlan: Bretagne Mégalithique. Paris 1987.
5 Däniken, Erich von: Die Steinzeit war ganz anders. München, 1991. (Darin enthalten ist auch die detaillierte Literatur zum gesamten Fragenkomplex.)

12. Kapitel

Die Riesen der Osterinsel

Die Entdeckung – Holländer als Götter – Thor Heyerdahl und der Beweis – Stumpfe Werkzeuge und unfertige Statuen – Die Computersimulation macht's möglich – Wo gehobelt wird, fallen Späne – Der Nabel der Welt – Eier und Vogelmenschen – Besuch aus Old Germany?

Es geschah im Jahre 1722. Der holländische Admiral Jakob Roggeveen segelte viereinhalbtausend Kilometer von der chilenischen Küste entfernt im Pazifischen Ozean. Endlich, die Besatzung war schon ungeduldig und nervös geworden, kam ein winziges Eiland in Sicht. Und da gerade Ostersonntag war, taufte es Roggeveen auf den Namen »Osterinsel«.[1] Drei Kilometer vor deren Küste ruderte ein Insulaner in einem windigen Boot. Die Holländer holten den Einzelgänger an Bord, und der fiel zuerst einmal ehrfürchtig auf die Schiffsplanken. Die Besatzung bestaunte den seltsamen halbnackten Gast und schenkte ihm ein Kleidungsstück. Doch der Fremde wußte nicht, was er damit anfangen sollte. Schließlich drückten ihm die Seeleute Messer und Gabel in die Hand und machten die »Happ-happ-Bewegung«. Der Eingeborene rollte mit den Augen und biß auf der leeren Gabel herum. Bald aber gefiel es ihm an Bord derart gut, daß er glaubte, er befinde sich auf einem Schiff der Götter. Die Holländer mußten sogar Gewalt anwenden, um den Mann wieder loszuwerden.

Dann umrundete Admiral Roggeveen das Inselchen und bestaunte durch sein Fernrohr Hunderte von riesigen Steinfiguren mit großen, glänzenden Augen und wuchtigen rostroten Hüten auf dem Kopf. Die Osterinsel war entdeckt.

Am nächsten Tag wagten sich hundertfünfzig Mann an die Küste. Sie wurden von einer aufgewühlten Bevölkerung umringt, bedrängt und mit Geschenken aller Art überhäuft. Die Holländer witterten Gefahr und befreiten sich aus der unangenehmen Umklammerung mit Messern und Schüssen. Daraufhin warfen sich die Insulaner vor den Seeleuten auf den Boden, und als sie sich wieder zu rühren trauten, robbten sie etwas zurück und blieben auf mindestens zehn Schritt Sicherheitsdistanz. In den Augen der Eingeborenen waren die Holländer mächtige, respekteinflößende »Götter«. Schade, daß Admiral Roggeveen wegen zweier verlorener Anker das Inselchen wieder verließ und sich die Geschichte der

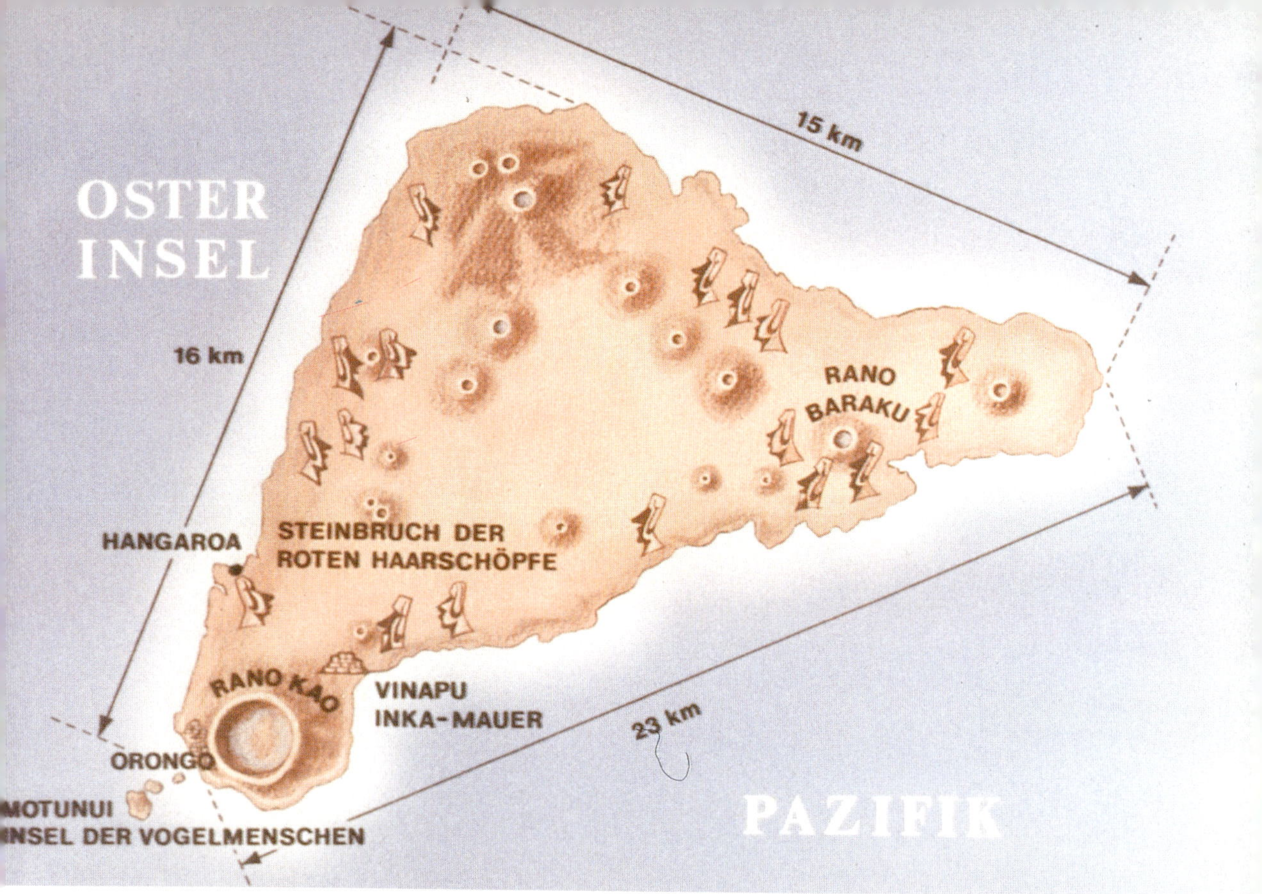

OSTER INSEL

16 km

15 km

HANGAROA

STEINBRUCH DER
ROTEN HAARSCHÖPFE

RANO
BARAKU

RANO KAO

VINAPU
INKA-MAUER

ORONGO

23 km

MOTUNUI
INSEL DER VOGELMENSCHEN

PAZIFIK

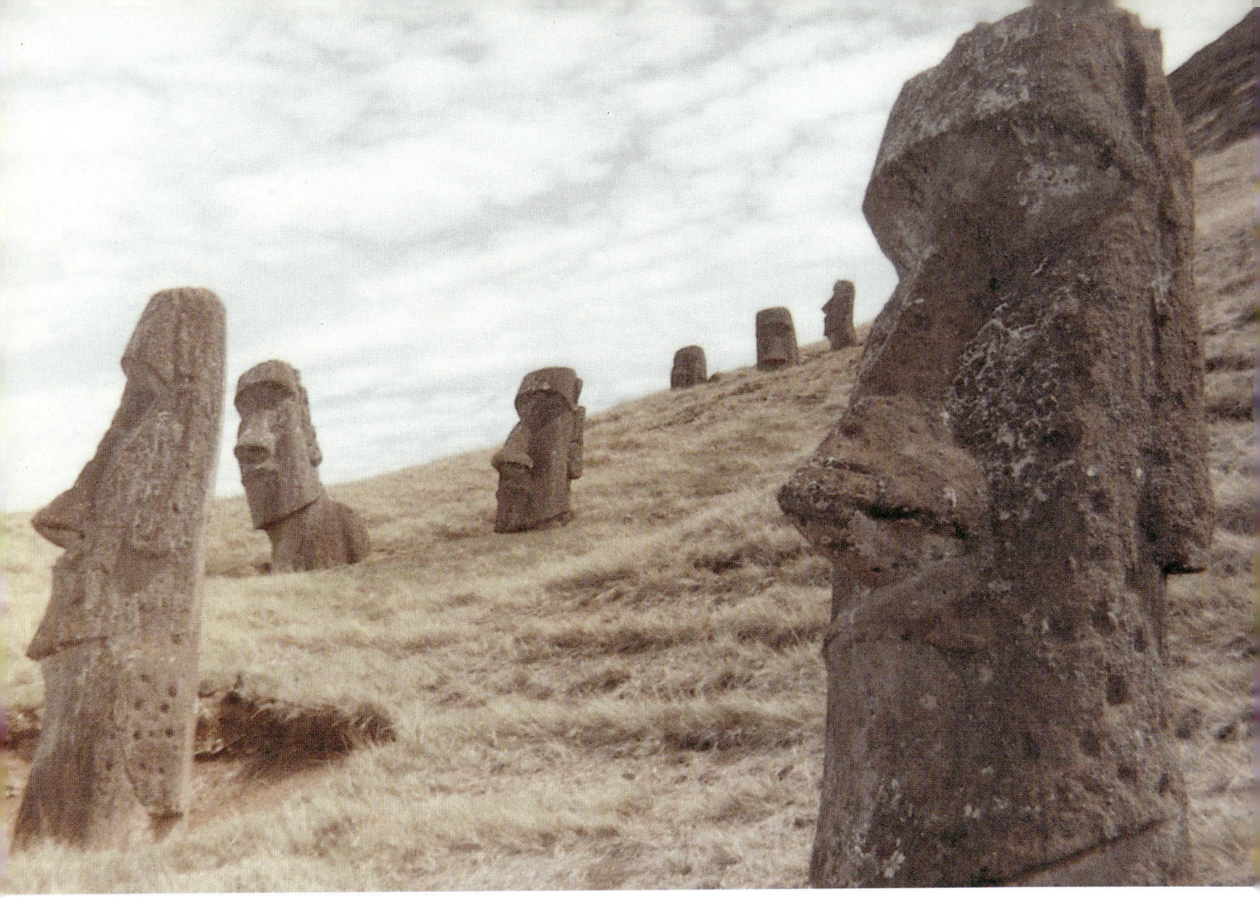
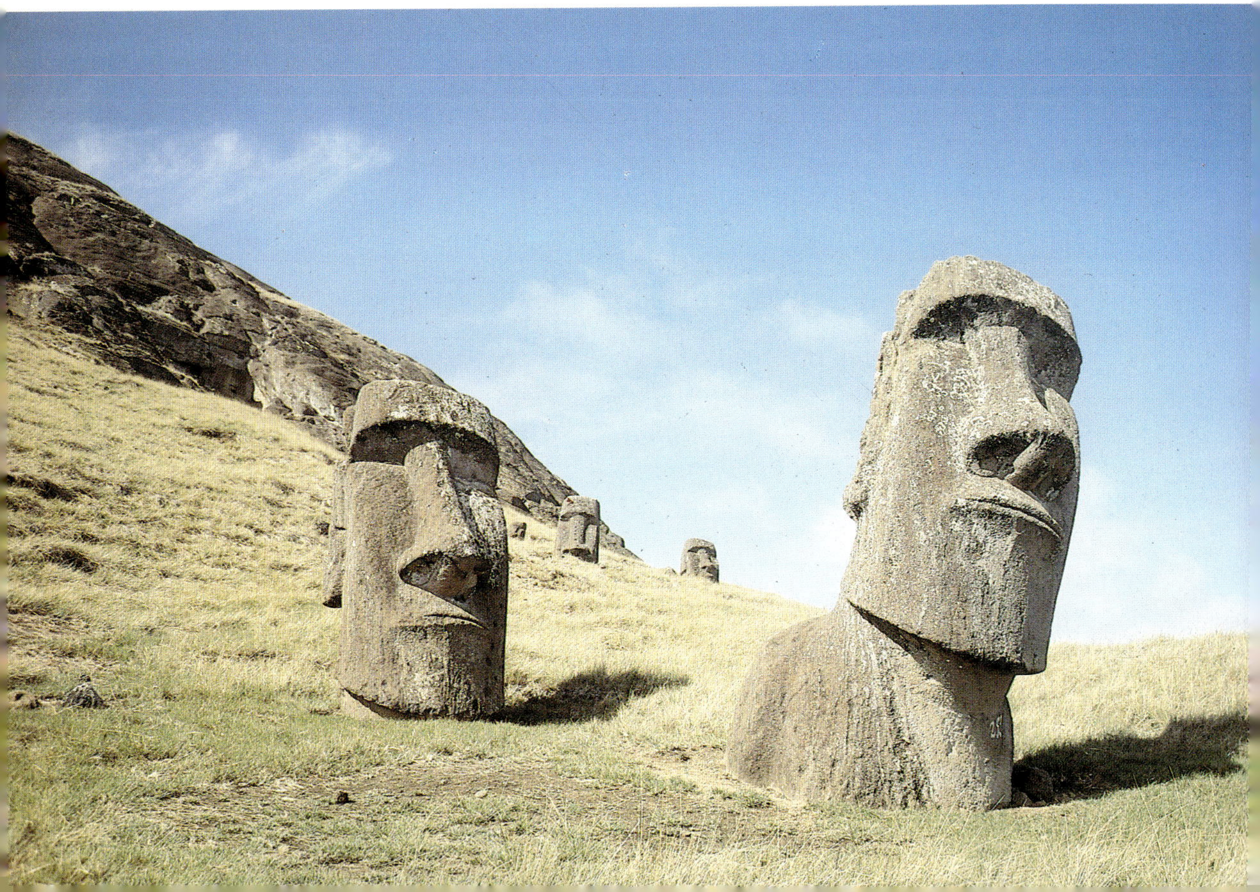

Osterinselstatuen nicht erklären ließ. So wissen wir denn bis heute nicht, was hier eigentlich geschah.

Als der norwegische Abenteurer Thor Heyerdahl Mitte der fünfziger Jahre die Osterinsel erreichte, lagen die meisten Statuen umgestürzt am Strand. Andere waren bis zu den Oberarmen in der Erde versunken, und ein Großteil der Skulpturen steckte unvollendet in der Lavawand des Kraters Rano Raraku.

Die Osterinsel gehört heute politisch zu Chile. Sie ist lediglich hundertachtzehn Quadratkilometer groß, und ihre höchste Erhebung mißt sechshundertfünfzehn Meter. Das Inselchen ist vulkanischen Ursprungs und hat nur spärlichen Baumbewuchs. Ich habe gelesen, in früheren Jahrhunderten sei das anders gewesen, dichter Urwald habe die Insel bedeckt. Das bezweifle ich. An den Kraterwänden wuchsen auch vor Jahrtausenden keine Bäume, und zwischen den Kratern blieb nicht allzuviel Fläche für einen »Dschungel«.

Die erste Frage, welche sich die Gelehrten stellten, war jene nach der Arbeitstechnik. Wie, um alles in der Welt, haben die Insulaner die insgesamt über sechshundert großen Figuren aus dem Vulkangestein gehämmert?

Zielstrebig machte sich Thor Heyerdahl auf die Suche nach dem Beweis.[2] In den Steinbrüchen der Kraterwände fand er Hunderte und Aberhunderte von primitiven Faustkeilen, die wirr herumlagen. Aus dem massenhaften Vorhandensein von Arbeitsgeräten schloß Heyerdahl messerscharf, daß wohl eine unbekannte Anzahl Menschen an der Steinmetzarbeit beteiligt war. Schließlich ließ der Norweger selbst eine Gruppe Insulaner an einer angefangenen Statue herummeißeln. Seither lese ich in der Fachliteratur, und ich höre es von aufgeweckten Kritikern, Heyerdahl und sein Osterinseltrupp hätten eine Statue geschaffen. Das ist nicht wahr. Nachdem sich die Insulaner die Handflächen blutig gehämmert hatten, gaben sie auf und ließen das unpraktische Werkzeug liegen.

Richtig ist, daß Thor Heyerdahl in achtzehntägiger Arbeit eine kleinere Statue mittels Holzbalken nach der Hauruckmethode über den Boden schleppen und auch erfolgreich aufrichten ließ.

Durch den Fund der Faustkeile schien eine Theorie praktisch bewiesen worden zu sein. Hier lagen die Werkzeuge, was brauchte es mehr? Wir Menschen sind schon leicht zufriedenzustellen – Hauptsache, wir haben eine Lösung. Ich weilte mehrmals auf der Osterinsel und habe die Steinbrüche mit den unvollendeten Statuen immer wieder besucht und vermessen.

Da liegen im Krater Rano Raraku vertikal und horizontal, kreuz und quer eben begonnene und halbfertige Statuen. Ich maß den Abstand von der Lava zu den einzelnen Figuren und kam auf Zwischenräume bis zu

Linke Seite:
Bei der Ankunft
von Thor Heyer-
dahl Mitte der
fünfziger Jahre
steckten die mei-
sten Kolosse bis
zum Hals im Erd-
reich.

177

1,84 Meter, die sich in Einzelfällen auf einer Länge von fast 32 Metern hinzogen.[3] Als Mensch, der sich nicht mit der erstbesten Antwort abfindet, bezweifle ich, ob derartige Abstände mit Steinfäustlingen aus dem harten Lavagestein herausgemeißelt werden können. Sicher ist die Faustkeiltheorie für einige kleinere Statuen anwendbar, doch funktioniert sie sehr mühsam bei den hohen Exemplaren mit den breiten Zwischenräumen. Ich möchte ein anderes Modell anbieten.

Irgendwer besaß irgendwann auf der Osterinsel Werkzeuge, mit denen sich die Skulpturen weit einfacher aus der Lava schneiden ließen als mit Steinfäustlingen. Doch auch harte Werkzeuge werden stumpf, sie zerbrechen, oder die Priester, die wußten, wie man damit umging, bewahrten ihr Geheimnis. Da standen nun die Insulaner vor einer Rumpelkammer begonnener und halbfertiger Figuren. Sie suchten sich diejenigen aus, die der Vollendung am nächsten waren, und hämmerten monatelang verbissen mit Faustkeilen auf die unfertigen Modelle ein. Aber die rund zweihundert Gestalten an der Felswand trotzten den fliegenstichgleichen Faustkeilschlägen. Schließlich gaben die sorglos in den Tag hineinlebenden Insulaner das vergebliche Unterfangen auf, warfen die Faustkeile weg und kehrten in ihre Höhlen und Hütten zurück.

In einer derartigen Betrachtungsweise sind die von Heyerdahl gefundenen Faustkeile nicht der Beweis für die Bearbeitungsmethode der Skulpturen, sondern eher das Gegenteil: So ging es nicht. Natürlich könnte ich diesen Umkehrschluß niemals ziehen, wenn die Arbeit vollendet worden wäre. Doch da stehen, liegen, hängen kreuz und quer an die zweihundert unfertige Statuen. Die aussichtslose Schufterei wurde von einem Tag auf den anderen abgebrochen.

Wie sind die Statuen eigentlich über das unebene Gelände der Insel transportiert worden?

Eine französische Zeitschrift mokierte sich über eine angebliche Behauptung von mir, Außerirdische hätten die Statuen geschaffen, dann an die Unterseite ihrer Raumschiffe gehängt und auf diese Weise zu ihrem Standort verfrachtet. Das sähe zwar lustig aus, aber der absurde Gedanke stammt nicht von mir. Er steht auch in keinem meiner Bücher. Es gab für Extraterrestrier keinen Grund, sich die Hände schmutzig zu machen und spaßeshalber Steinfiguren an der Küste aufzustellen.

Wie aber haben es die Eingeborenen getan, die ursprünglichen Statuenfabrikanten?

Eine Computersimulation zeigt es. Vielleicht standen die richtigen Säuren zur Verfügung, mit denen sich zumindest der grobe Umriß der Statuen aus dem Fels ätzen ließ. Tatsächlich gab es bei den Inka in Südamerika Überlieferungen, nach denen Säfte von gewissen Pflanzen die Steine erweicht hätten. Der Rest war dann die Feinarbeit mit dem Steinmeißel.

Um die Statuen zu ihren Standorten zu befördern, waren auch keine Urwälder mit Unmengen von Holzrollen notwendig. Ein einziger starker Balken mit einer Gabelung an der Spitze machte es möglich. Man wickelte einige Seile um die Statue und verband sie rechts und links von ihr mit zwei verkrümmten Balken, die als Schlitten dienten. Dann knotete man ein Seil um den Hals der Figur und ließ es über die Gabelung des aufrecht stehenden Balkens laufen. Auf diese Weise entstand ein Hebel. Der vordere Teil der Statue wurde kurz angehoben und schob sich wegen der gekrümmten Schlittenbalken einen Meter weiter. Jetzt ließ man das Seil locker, der senkrechte Balken wurde aufgerichtet und um einige Meter nach vorne verschoben. Dann ein erneutes »Hauruck«, und wieder rutschte die Figur ein paar Meter vorwärts.

Am Bestimmungsort hatte man eine Plattform mit einer schrägen Rampe errichtet. Jetzt wurde zuerst ein Hut auf dem Kopf der Statue festgezurrt. Diese Hüte stammen nicht aus dem Steinbruch des Kraters Rano Raraku, sondern aus einer Art Kiesgrube. Sie bestehen aus einem Gemisch von kleinen Steinen und roter Erde und ließen sich leicht den Hang hinunterrollen.

Immerhin sind die Kopfbedeckungen von beachtlichen Maßen gewesen. Im Steinbruch fand ich Hüte mit einem Umfang von 7,60 Metern und einer Höhe von 2,18 Metern – eine respektable Kopfweite. Ich frage mich

Einst trugen die Statuen rote Hüte, die aus einem anderen Steinbruch stammten.

179

auch, weshalb die Osterinselstatuen überhaupt rote Hüte tragen mußten. Was sollten sie symbolisieren? Hatten die Eingeborenen irgendwann einmal Besuch erhalten von Wesen mit mächtigen roten Hüten? Oder schienen ihnen die Statuen ohne Kopfbedeckung nicht komplett? Das ist schwer verständlich, denn die Insulaner selbst trugen kaum etwas am Leibe – am allerwenigsten Hüte!

Nachdem also die Hüte mit Hilfe von Balken und Stricken auf dem Kopf befestigt waren, schob man Steinchen unter die Statuen. Erneut kam der bewährte Hebel zum Zug, bei jeder Hebelbewegung wurden rasch neue Massen von Steinchen herangeschaufelt. Zug um Zug geriet die Statue immer mehr in eine Schräglage, bis sie sich schließlich endgültig aufrichtete und fest verankert wurde.

Es gibt zwar Legenden, denen zufolge die Statuen zu ihrem Standort geflogen seien. Daß es durchaus ohne Hokuspokus und ohne Außerirdische geht, haben wir hier demonstriert.

Dennoch bleiben auf der Osterinsel viele Fragen offen. Ich unterstelle einmal, die rund sechshundert Statuen seien tatsächlich mit Steinfäustlingen aus dem Lavafelsen gemeißelt worden. Irgendwann hätte auch der beste Steinmetz einmal danebengehauen, wäre eine Oberlippe zersplittert, ein Nasenflügel weggeschrammt oder ein Augenlid gespalten worden. Die Künstler der Osterinsel müssen ohne Makel gearbeitet haben, jeder Schlag saß perfekt, es gibt keine Spur von Fehlern.

Schließlich: Wo gehobelt wird, fallen Späne. Ich wies auf die Abstände zwischen Lavagestein und Statuen hin. Der Abfall aus zwei Zwischenräumen von je 32 Meter Länge und 1,84 Meter Breite kann sich nicht in Luft auflösen. Wo blieben die Hobelspäne?

Die Frage aller Fragen aber lautet: weshalb diese mühevolle Schufterei? Man schlägt ja nicht Hunderte von Statuen aus dem Gestein, zerrt und hebelt sie rings um die Insel an die Küste, befestigt zwei Meter hohe Hüte auf ihren Schädeln, setzt glänzende Perlmuttaugen ein und richtet die Skulpturen auf eigens dafür erbauten Plattformen auf, nur um zu zeigen, daß man dazu fähig war.

Ich habe nun mal ein fragendes Gehirn und mag mich nicht nach den erstbesten Antworten zurücklehnen.

Wen wollten die Osterinsulaner eigentlich darstellen? Irgendeinen Häuptling? Die verstorbene Rasse von hochverehrten Ahnen? Das kann nicht sein. Die Inselbewohner selbst waren seit jeher friedliche, gemütliche Menschen mit weichen Gesichtszügen, leicht wulstigen Lippen, den breiten Nasen aller Polynesier und der schwarzen Haartracht. Ihre Augen sind mandelförmig, das Kinn ist sanft abgerundet.

Die Statuen hingegen zeigen roboterähnliche stumpfe Gesichter mit zusammengekniffenen schmalen Lippen, langen spitzen Nasen und tiefliegenden Augen.[4] Sie sind alles andere als Vorfahren der Insulaner.

Linke Seite, oben: Zum Transport der Statuen waren keine Außerirdischen notwendig.

Linke Seite, unten: Auch das Aufrichten der Figuren ging ohne Hexerei vonstatten.

181

21m

22m

300 Tonnen

30 Tonnen

Die stupiden Gesichter der Osterinselstatuen passen in kein Kultur-
bild. Sie sind weder verwandt mit den Figuren von Tula im heutigen
Mexiko noch haben sie die wulstigen Lippen und breiten Nasen der
behelmten Olmekenköpfe im Tiefland desselben Landes, geschweige
denn das Profil der Adlernasen, die tiefliegenden Wangen und zarten
Lippen der Maya und der Andenbewohner. *Wen* also hämmerten die
Osterinsulaner in Stein? *Wen* verehrten sie? Welcher Zwang, welche
Religion spornte sie zu ihrem Werk an?

Die Eingeborenen selbst bezeichneten ihr winziges Eiland als »Nabel
der Welt«.[5] Eine derartige Namensgebung ist von vornherein nur möglich, wenn zumindest andere Länder bekannt sind. Im Umkreis von
anderthalbtausend Kilometern um die Osterinsel versteckt sich lediglich
ein winziges Inselchen, und dann kommt lange, lange nichts mehr.

In der französischen Bretagne liegt der in mehrere Teile zerbrochene
»Le grand Menhir brisé«. Als er vor Jahrhunderten oder Jahrtausenden
aufrecht stand, überragte seine Spitze um einundzwanzig Meter den
Erdboden. »Le grand Menhir brisé« besteht aus Granit und wiegt rund
dreihundert Tonnen. Auf der Osterinsel gibt es Statuen von zweiund-
zwanzig Meter Höhe, also einem Meter mehr als der Gigant in der
Bretagne. Trotzdem steht in klugen Büchern, die schwersten Statuen
würden dreißig Tonnen wiegen. Zehnmal weniger als der kleinere
»Grand Menhir brisé«?

»Nabel der Welt« nannten sie ihre Insel, und heute noch wird jährlich
ein Volksfest veranstaltet, bei dem tapfere Jünglinge auf einem winzigen
Felsenriff, das der Küste vorgelagert ist, ein Ei finden und unbeschadet
zur Hauptinsel hinüberbringen müssen. Ursprünglich soll damit das Ei
eines »Vogelmenschen« gemeint gewesen sein. Steinerne Eier fand ich
noch vor zwanzig Jahren unter dem unbeachteten Geröll auf der Osterinsel. Sie haben ansehnliche Durchmesser von bis zu einem Meter, und der
Bürgermeister versicherte mir, ursprünglich habe man derartige Gebilde
gleichfalls im Zentrum der Insel entdeckt.

Selbstverständlich sind auch die eigenartigen Vogelmenschen der Mythologie in Stein verewigt: rätselhafte Zwitter mit menschlichen Körpern,
Gliedmaßen, Fingern und einem langschnäbligen Vogelkopf.

Schließlich gibt es auf der Osterinsel auch Petroglyphen, Felsgravuren,
wie sie auf der ganzen Welt millionenfach vorkommen. Unsere steinzeitlichen Ahnen, die ohne Pergament und Toilettenpapier auskommen
mußten, ritzten ihre Botschaften weltweit in Stein, übermittelten auf
diese Weise den nachfolgenden Generationen, was ihnen wichtig erschien. Die Petroglyphen der Osterinsel findet man beispielsweise auf
großen Kuben, die Bestandteil von Mäuerchen sind; man findet sie an
Höhlenwänden, doch auch auf großen Felsplatten, die unbeachtet an der
Küste auf ihre endgültige Auflösung warten. Es gibt Kuriositäten darunter wie eine, die ich mit Kreide nachgezeichnet habe. Was soll das sein?

Auch einen Kult der Vogelmen-schen gab es auf der Insel.

Ein Fisch? Die Knospe einer Blume? Oder vielleicht gar die schematische Darstellung eines technischen Vorgangs? Wer Humor hat, kann hinter dieser Felsritzung ohne weiteres die Konstruktion eines Staustrahltriebwerks erkennen: vorne der Lufteintritt, dann die verengten Düsenklappen, im Zentrum ein Zündfunke und schließlich die schmale, doch breiter werdende Austrittsöffnung für die heißen Gase. Sogar eine schematische Treibstoffzuleitung fehlt nicht.

Das ist – ich möchte es betonen – nichts weiter als eine Spielerei, doch solange so viele Fragen im Raum stehen, kann ein bißchen Querdenken nicht schaden.

Ursprünglich trugen einige der Osterinselstatuen kleine Holztäfelchen um den Hals. Es ist versucht worden, die Schrift darauf zu entziffern; das Resultat ergibt keinen vernünftigen Sinn.

In den sechziger Jahren entdeckte man eine Verwandtschaft zwischen den Osterinseltäfelchen und einer Schrift aus Mohendjo Daro, einer alten Kultur im Industal im heutigen Pakistan. Nur die Datierungen wollen unter keinen Hut passen. Die Besiedlung der Osterinsel wird nämlich von Fachleuten auf etwa 350 nach Christus angesetzt, die Mohendjo-Daro-Kultur soll runde dreitausend Jahre vorher existiert haben.

Ich bin absichtlich nicht auf die Vergangenheit der Osterinsel einge-

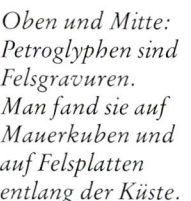

Oben und Mitte:
Petroglyphen sind
Felsgravuren.
Man fand sie auf
Mauerkuben und
auf Felsplatten
entlang der Küste.

Unten:
Diese Felsritzung
könnte aus heuti-
ger Betrachtungs-
weise einen Sinn
ergeben: vorne
der Lufteintritt,
dann die vereng-
ten Düsenklap-
pen, im Zentrum
der Zündfunke,
die Austrittsöff-
nung und die
Treibstoffzulei-
tung. Alles in
allem die schema-
tische Zeichnung
eines Triebwerks.

gangen, auf die Bevölkerungsgruppen der sogenannten Langohren und Kurzohren, die sich irgendwann bekriegt haben. Diese Geschichten stehen ohnehin in keinem direkten Zusammenhang mit den Künstlern der ersten Generationen, die aus irgendeinem Grunde Hunderte von Figuren rings um die Insel aufstellten, geradeso, als ob sie auf die Entdeckung durch irgendeinen Gott warteten.

Die neueste Theorie über die Osterinsel stammt vom deutschen Archäologen Kurt Horedt.[6] Er entdeckte eine bemerkenswerte Übereinstimmung zwischen germanischen Runen und den komischen Schriftzeichen der Osterinsulaner. Im sechzehnten und siebzehnten Jahrhundert wurde bei Gallehus in Nordschleswig eine zweizeilige Inschrift aus insgesamt neun figürlichen Zeichen gefunden. Sieben davon tauchen in fast identischer Weise auf den Holztäfelchen der Osterinsel wieder auf.

Hat es vor anderthalb Jahrtausenden Nordgermanen auf die Osterinsel verschlagen? Das würde, so meint der Archäologe Kurt Horedt, die Gesichtszüge der Steinkolosse erklären. Auch die roten Hüte der Osterinselstatuen könnten mit den Rotschöpfen der Germanen identisch sein.

Waren in diesem Falle alte Germanen die All-Mächtigen? Schiffbrüchige vielleicht, die deshalb alle Statuen rings um die Insel aufstellten, um auf sich aufmerksam zu machen? Sollten die Besatzungen anderer Germanenkähne, die es zufälligerweise in die Gegend verschlug, stutzig werden?

Ich finde die Idee nicht schlecht. Was mir Kopfzerbrechen bereitet, ist lediglich die Frage: Wie gelangten Germanen – lange vor Kolumbus! – in die Südsee? Die lag ja nicht gerade vor der Haustür – oder?

Bibliographie

1 Harrer, Heinrich und Pleticha, H.: Entdeckungsgeschichte aus erster Hand. Würzburg 1968.
2 Heyerdahl, Thor: Aku-Aku – Das Geheimnis der Osterinsel. Berlin 1957.
3 Däniken, Erich von: Meine Welt in Bildern. Düsseldorf 1973.
4 Sagnes, François: Die Osterinsel. Text von Hans-Jürgen Heinrichs. München 1990.
5 Langbein, Walter-Jörg: Die großen Rätsel der letzten 2500 Jahre. Augsburg 1992.
6 Degen, Rolf: Schufen Germanen die Wunder der Osterinsel? In: Neue Zürcher Zeitung, Zürich, 31. 10. 1984.

Nachwort

Über die Bildschirme der Welt flimmern immer mehr Fernsehserien. Handelt es sich dabei um Dokumentarberichte, so ist auch das Buch zur Serie nicht mehr weit. Wozu eigentlich? Wurde auf dem Bildschirm nicht alles gezeigt? Ist nicht alles gesagt worden?

Eine TV-Serie ist nach der Ausstrahlung vorbei. Man kann sie weder nachblättern noch kontrollieren. Das Medium Fernsehen verschenkt keine Zeit für gründliche Überlegungen, die Geschwindigkeit des Ablaufs gleicht der Lokomotive, die stur in eine Richtung fährt. Stimmen denn die Aussagen des Moderators? Woher hat der Mann sein Wissen? Sind die gezeigten Bilder echt oder getürkt?

Obgleich der Massentourismus die Kontinente näher zusammenrücken ließ, hindern finanzielle und politische Barrieren viele Menschen daran, rätselhafte Orte zu erreichen. Reisen zu exotischen Zielen können auch mühsam und gefährlich sein, sind nicht nur ein Vergnügen. Oft auch gelangt der Laie nicht zu den anvisierten Zielen. Er mag die richtige Pyramide vor sich haben und schafft es dennoch nicht, ins Innere vorzudringen.

Das Buch zur Dokumentarserie *Auf den Spuren der All-Mächtigen* gleicht dem Fernsehen ohne Einbahnstraße. Die Lokomotive kann jederzeit umkehren. Im Vergleich zum Fernsehen ist der Text im Buch erweitert worden, die Quellen weisen auf die Spurensuche.

Ein Buch ist mehr als ein Nachschlagewerk. Es ist die Vertiefung und Erinnerung an ein TV-Erlebnis, das in dieser Form nicht wiederkommt.

Wie im ersten Band bedanke ich mich bei Frank Elstner, der die Serie ermöglichte, bei René Steichen, der brillant Regie führte, und bei den Kameramännern und Computerfachleuten des *Cerise-Teams* in Luxemburg, die eine trockene Materie zu einem optischen Wunder gestalteten.

Erich von Däniken

Erich von Däniken

Auf den Spuren der Allmächtigen

192 Seiten
Durchgehend farbig illustriert

»Auf den Spuren der Allmächtigen« ist eine phantastische
Entdeckungsreise zu den ältesten Kulturen der Welt.
Von Malta bis Peru, von Bolivien bis Ägypten präsentiert
Erich von Däniken archäologische Phänomene, deren Rätsel
die Wissenschaft bis heute nicht erklären kann. Er bietet so
überraschende wie plausible Antworten auf Fragen, die die
Menschheit seit Jahrtausenden beschäftigt und sich in ihren
Bauwerken niedergeschlagen haben.
Mit faszinierenden Computergrafiken und beeindruckenden
Farbaufnahmen.

Der erste Band zur erfolgreichen Fernsehserie bei Sat.1

C. Bertelsmann

Bildnachweis

Hans Herbert Beier, Lorsch 155, 156.

Josef Blumrich, Estes Park (USA): 148 ol, 148 u, 149, 152 ol.

Rico Carisch, Ringier-Dokumentationszentrum, Zürich (Schweiz): 33.

Erich von Däniken, Feldbrunnen (Schweiz): 11 o, 11 ur, 12, 13, 15, 16, 17, 20, 22, 23 o, 24, 26, 35, 37, 38, 39, 40, 43, 44, 53, 57, 58, 59, 61, 63, 71, 72, 74, 78, 81 or, 85, 86, 88, 90, 91, 93, 94, 95, 96, 97, 101, 103, 104, 105, 106 m, 108, 109, 110, 111 o, 112, 115, 117, 118, 119, 121, 122, 124, 131, 132, 133, 135, 137, 139, 140 o, 141 o, 142, 145, 146, 147, 148 or, 152 u, 159, 160, 161, 162, 164, 165, 167, 168, 171, 172 u, 175, 176, 179, 184, 185.

Rodney Dale, Berlin: 47

Jean Diderich, Luxemburg: 66.

Rudolf Eckhardt, Berlin: 11 ul, 29, 30, 186.

Frank Elstner Productions, Luxemburg: 19, 20 u, 23 m, 23 u, 31 o, 31 u, 54, 82, 98 (Nachempfunden der Rekonstruktion von Dr. Wolfgang Volkrodt aus dem Buch: *Es war ganz anders*. Mit freundlicher Genehmigung des Autors), 126, 129, 140 u, 150, 152 or, 169, 172 u, 172 m, 180, 182.

Johannes Fiebag, Bad Neustadt: 48, 51.

Ralf Lange, Zuchwil (Schweiz): 68, 111 u.

Wjatscheslaw Saizsew, Moskau (Rußland): 76.

Christian Sollner, Pforzheim: 106 o, 106 u.

Wide World, Washington DC (USA): 80, 81 ol.

Liebe Leserin,
lieber Leser,

sind Sie an der Thematik, die ich behandle, interessiert? Dann möchte ich Ihnen die ANCIENT ASTRONAUT SOCIETY (AAS) vorstellen. Die AAS ist eine gemeinnützige Gesellschaft, die 1973 in den USA gegründet wurde. Die AAS strebt keinerlei Gewinn an.

Zweck dieser Gesellschaft ist das Sammeln, Austauschen und Publizieren von Indizien, die geeignet sind, folgende Ideen zu unterstützen:

– In vorgeschichtlichen Zeiten erhielt die Erde Besuch aus dem Weltall...
– Die gegenwärtige technische Zivilisation ist nicht die erste... (oder)
– Beide Theorien kombiniert.

Die Mitgliedschaft in der AAS steht jedermann offen. Die AAS gibt im Zweimonatsrhythmus ein Mitteilungsblatt in deutsch und englisch heraus. Wir organisieren Studienreisen zu archäologisch interessanten Fundplätzen. Derartige Reisen leite ich meistens selbst. Periodisch finden internationale Kongresse und nationale Tagungen statt.

Der Jahresbeitrag beträgt DM 40,– (Stand 1993). Im deutschsprachigen Raum sind wir zur Zeit rund 6000 Mitglieder.

Schicken Sie eine Postkarte mit Ihrem Absender an folgende Anschrift: *AAS, CH-4532 Feldbrunnen*, und Sie erhalten umgehend einen Gratisprospekt der ANCIENT ASTRONAUT SOCIETY.

Mit freundlichen Grüßen

Erich von Däniken